数字素养对农村女性劳动力就业的影响研究

SHUZI SUYANG DUI NONGCUN NÜXING LAODONGLI JIUYE DE YINGXIANG YANJIU

陈 丽　翁贞林　著

中国农业出版社
北 京

图书在版编目（CIP）数据

数字素养对农村女性劳动力就业的影响研究 / 陈丽，翁贞林著. -- 北京 ：中国农业出版社，2024. 10.
ISBN 978-7-109-32689-7

Ⅰ. F323.6

中国国家版本馆 CIP 数据核字第 2024YZ3697 号

中国农业出版社出版
地址：北京市朝阳区麦子店街 18 号楼
邮编：100125
责任编辑：边 疆
版式设计：王 晨 责任校对：吴丽婷
印刷：中农印务有限公司
版次：2024 年 10 月第 1 版
印次：2024 年 10 月北京第 1 次印刷
发行：新华书店北京发行所
开本：700mm×1000mm 1/16
印张：12
字数：185 千字
定价：85.00 元

前言 FOREWORD

促进劳动力就业是推动民生发展的重要引擎，更是实现共同富裕的重要基础。劳动力就业最艰难的地方在农村，作为劳动力市场重要且特殊的组成部分，农村女性劳动力就业依然存在着多重障碍，实现农村女性劳动力的就业，需要寻求技术支撑。数字素养是个体在现代社会必须学习和具备的一种长期能力，对就业有着深刻的影响。因此，本研究立足数字经济发展和高质量就业的背景，以“特征性事实—理论分析—实证检验—结论与建议”为分析逻辑，基于新家庭经济学理论、职业搜寻理论、社会资本理论、人力资本理论和相对剥夺理论构建理论分析框架，利用中国家庭追踪调查（CFPS）的数据，对数字素养影响农村女性劳动力的劳动参与、就业选择、就业质量及作用机制进行实证检验，并结合异质性分析探讨数字素养在不同农村女性劳动力就业群体之间的差异，并分别讨论数字素养不同维度的影响作用。主要研究结论有：

①数字素养促进农村女性劳动力进入劳动力市场和非农参与。不同数字素养维度对农村女性劳动参与及非农参与的影响各有差异。其中，数字设备使用素养和数字学习素养均对劳动参与有正向促进作用。数字学习素养、数字社交素养和数字商业素养均正向影响非农参与。数字素养对劳动参与的影响，因农村女性劳动力家庭特征和个体特征的差异而存在异质性。数字素养会更显著地增加高人均收入组劳动参与及非农参与的影响。数字素养对农村女性劳动力中 44～60 岁群体的劳动参与和非农参与均更为显著。数字素养对中文化程度组的劳动参与的影响更显著，而对低文化程度组的影响不显著。

②数字素养不仅对劳动参与有影响，对农村女性劳动力的受雇就业、

服务业就业和外出就业都具有显著的影响，对服务业就业的影响更大。其中，数字设备使用素养、数字社交素养和数字商业素养促进了受雇就业。信息渠道拓展和工作自主性及社会资本是农村女性劳动力数字素养对受雇就业、服务业就业和外出就业的重要渠道。异质性分析发现，数字素养对于低人均家庭纯收入组的就业类型和就业地选择影响显著。在就业行业选择方面，数字素养的影响力主要集中在高收入的女性。数字素养对农村女性劳动力就业类型和就业地选择的影响主要集中在16～43岁，对就业行业选择的影响则集中在44～60岁的女性。数字素养对低文化程度组的就业类型和就业行业的选择影响均显著，对就业地选择的影响主要集中于高文化程度的女性。

③当前农村女性劳动力存在参与率低、就业行业层次偏低、工作不稳定和隐性就业歧视等现象。研究表明，数字素养对农村女性劳动力的主客观就业质量具有显著的影响。对主观就业质量的影响更为显著，进行边际效应分析，发现数字素养高和选择受雇就业、外地就业的农村女性劳动力提升“非常满意”的概率分别增加了5.1%、4.3%和1.2%。通过影响机制检验发现信息渠道和社会资本也是数字素养提升客观就业质量的重要传递机制。相对收入评价是弱化主观就业质量的路径之一。异质性影响表现为：数字素养显著影响人均家庭纯收入低的农村女性劳动力的客观就业质量提升效果。从年龄上看，数字素养的正向影响主要集中在16～43岁的青年女性。从文化程度上看，数字素养对高文化程度的农村女性劳动力客观就业质量的促进作用更明显。而数字素养对于人均家庭纯收入高的农村女性劳动力主观就业质量的提升效果更显著。从年龄来看，数字素养对主观就业质量的正向影响主要集中在16～43岁青年女性。数字素养对中等文化程度的女性的主观就业质量影响更显著，对高文化程度的农村女性的主观就业质量的影响系数为负。对数字素养分维度分析发现，数字学习素养和数字商业素养对客观就业质量的影响均显著。数字设备使用素养、数字学习素养和数字社交素养均对主观就业质量存在一致的促进作用，但数字商业素养的作用不显著。

基于以上结论，本研究从以下方面提出建议：第一，正确预测劳动力市场变化，精准提升农村女性劳动力数字素养。①了解农村女性劳动力的就业意愿，有针对性地提供劳动市场就业支持。②持续加大数字基础设施建设。③加大数字化教育和数字技能的培训。④提供数字技能的实践机会和使用场景，强化农村女性的数字文化意识，全面提高其数字素养和应用能力。第二，建立数字就业服务体系，完善家庭与职业发展兼顾的就业政策。①培育和积累农村女性的社会资本。②提供包容性和配套性公共政策。③完善农村女性劳动力就业权益保障。④倡导性别平等和女性思想独立，减少数字平台不良内容对女性心理的干扰。第三，推进乡村产业融合发展，提高农村女性就近就业质量。①推动农业产业升级，提高农村女性劳动力的就业质量和收入水平。②发挥基层组织引领作用，提高农村女性就近就业竞争力。③拓宽农村女性就业渠道，提供更多的就业机会和创业机会。

著　者

2024年7月

目录 CONTENTS

1 绪　　论

1.1 研究背景

党的二十大报告擘画了“中国式现代化”的宏伟蓝图，2024年政府工作报告提出要“大力推进现代化产业体系建设，加快发展新质生产力”。继“中国式现代化”之后，“加快发展新质生产力”又成为高频词。新质生产力代表生产力的跃迁，其核心就是数字化、智能化。在以人民为中心的发展思想、注重就业优先的发展理念的指导下，要确保每个有劳动能力的人都能获得就业机会，重点要关注农村女性劳动力的就业问题，“加快发展新质生产力”既是新机遇，又是新挑战。事实上，近些年来，面对国内外复杂环境，我国劳动力市场经历着巨大变化。一方面，随着我国经济发展进入新常态，经济增速由高速增长转入中高速增长（刘生龙等，2023）。国际政治环境复杂多变，中美贸易摩擦不断，外贸出口受阻，对我国劳动力市场产生了较为严重的负面冲击（周申等，2023），出口导向的沿海地区劳动力需求下降，导致产业结构的调整，从就业机会的供给方面对农村劳动力非农就业选择及就业质量产生了显著的影响。另一方面，随着农业农村分化的推进，传统农村劳动力密集型的农业生产正在逐步消失，农业规模化经营是趋势，根深蒂固的农村男女分工界限也在发生着变化，越来越多的农村女性主动参与就业。农村女性由过去更多地从事家务劳动、农业生产等传统就业模式，转变为市场经济体制下农村女性新的就业模式，经历了由“男女共耕”到“男工女耕”再到“男工女工”的变迁（卢青青，2021）。2022年全国农民工监测数据显示，农村女性就业比例为36.6%，较上年增加了0.7%，其中，外出农民工中女性占31.1%，比上年增加0.9%，农村女性劳动力在一、二、三产业中发挥着重要作用。[①] 这意味着，当前农村女性就业需求依然庞大。因此，从供需来看，当前农村女性劳动力的稳定就业面临日益严峻的挑战，实现共同富裕需要进一步推进充分就业。

然而，农村女性劳动力受性别、人力资本和家庭等因素的影响，就业中遇到的障碍愈发突出，引起了学界的广泛关注。汇丰银行的人口报告指出，2017—2020 年中国与亚洲其他主要国家相比，妇女就业率降幅最大，农村女性降幅更显著，有两个及以上孩子的农村女性劳动参与率下降到50%以下，更多女性面临就业和家庭的冲突之后回归了家庭（Van et al.，2021）。另外，农村女性外出务工者的工资明显低于男性（田甜，2018），农村女性外出劳动力进入正规行业就业的比例远低于男性（吴彬彬，2019）。农村女性就业层次偏低，在就业质量和教育回报率方面存在更大劣势，其职业上升空间受到挤压（边恕等，2022）。总体而言，目前农村女性劳动力依然存在着自身能力不足、就业性别歧视以及权益保障缺失等多重难题。基于此，2018 年以来历年的中央经济工作会议都把“稳就业”摆在突出位置，尤其是党的二十大报告提出要实施就业优先战略，坚决消除就业性别歧视，健全女性就业的制度保障，促进充分就业。

与此同时，我国人口老龄化问题逐步显现，增加了农村女性劳动力就业的不确定性。根据中国 2021 年第七次全国人口普查数据，60 岁以上人口达 2.6 亿人，而农村 60 岁以上人口占全国老龄人口的 23.81%，比城市地区高 7.99%。[②] 数据表明，农村地区人口老龄化问题尤其严重。受家庭分工和传统文化的约束，老年照料成为农村女性的主要责任。为了应对经济增长趋缓和人口老龄化的“双重挑战”，“三孩政策”已落地（倪宣明等，2022）。但政策实施以来，人口出生率持续走低，2023 年全国人口出

① 资料来源：2022 年农民工监测报告，https：//www.stats.gov.cn/sj/zxfb/202304/t20230427_1939124.html.

② 资料来源：第七次全国人口普查数据，http：//www.stats.gov.cn/tjsj/pcsj/rkpc/d7c/202111/P020211126523667366751.

生率为 6.39‰，连续两年人口呈现负增长。① 我国“人口红利”正在消失，逐步缩减的人口规模给经济发展带来了新的挑战。这就意味着，我国经济发展的突破口要向“人力资本红利”转移，挖掘现有劳动力人口的技术能力，驱动经济的发展是趋势。由此可见，面对未来产业结构大调整和更高的就业能力要求，在老龄化和生育责任下，农村女性劳动力如何平衡家庭责任与就业的关系是值得探讨的重要议题。

当前我国进入新质生产力发展阶段，数字技术正在从各个方面影响着人们的行为决策，给农村女性劳动力就业带来新的变化。党的二十大报告也指出，要“加快发展数字经济，促进数字经济和实体经济深度融合”，“十四五”规划明确提出建设数字社会。在 2018—2024 年的中央 1 号文件及政府工作报告中都明确提出持续推进以数字技术赋能农村现代化的发展，缩小城乡“数字鸿沟”，强化科技驱动，拓宽农民增收致富渠道，促进农民就业增收。其中，2022 年中央 1 号文件首次对数字乡村的建设作出了部署，提出要加强农民数字素养与技能培训。农业农村部、中央网络安全和信息化委员会办公室（以下简称“中央网信办”）于 2019 年联合印发了《数字农业农村发展规划（2019—2025 年）》，指出我国应加快数字技术在农村的推广应用，推动农业高质量发展，为实现乡村全面振兴提供有力支撑。2022 年，中央网信办、教育部、工业和信息化部、人力资源和社会保障部联合印发《2022 年提升全民数字素养与技能工作要点》，提出着力加强农民数字素养与技能培训。近年来，我国乡村信息基础设施建设不断完善。2017—2022 年城乡地区互联网普及率调查显示，我国“村村通 4G”实现率高达 98%，截至 2022 年，我国已实现“县县通 5G、村村通宽带”，农村地区互联网普及率达 58.8%，农村网民规模已达 3.08 亿人，其中女性网民占 48.3%。农村和城市已经实现“同网同速”，从供给端来看，城乡数字差距在不断缩小（李怡等，2021）。

① 资料来源：国家发改委，https://www.ndrc.gov.cn/fgsj/tjsj/jjsjgl1/202301/t20230131_1348088_ext.html?share_token=B9D047F1-C7CA-4062-A7D3-70EAACF9E00B&tt_from=mobile_qq&utm_source=mobile_qq&utm_medium=toutiao_ios&utm_campaign=client_share.

数字经济作为新时期经济增长和社会发展的内生驱动力，在产业结构调整和要素生产率增长等方面均发挥了重要作用（Luo et al.，2022）。不仅如此，随着农业农村数字化由提供基础设施和信息服务为主的“接入”转为应用，数字化还深刻影响着微观家庭，特别是对与收入、消费和就业等相关的家庭部门的经济行为产生重大影响（万广华等，2022），农村数字红利逐步显现（邱泽奇等，2016），数字化的非农就业促进效应明显（秦芳等，2022），这对提高农民收入和农民自身发展能力具有积极影响。

值得注意的是，农村居民在数字经济面前的受益机会均等，但从中所能收获的数字化发展成果不均等。在数字技术赋能经济、释放科技创新红利的背景下，较高的“数字素养”已成为就业的重要参考因素。部分劳动者由于具备较高的数字素养，不断积累人力资本、社会资本，有助于其进入正规就业渠道，获得更高的工资回报。而对于缺乏数字素养的劳动者，不仅很难获取高效、多元的就业信息，还可能由于劳动力市场结构的调整而面临收入不断下降（Acemoglu et al.，2020）。数字素养对农村劳动力的就业影响存在性别差异，间接弱化了性别不平等观念对女性就业意愿的约束（袁旭宏等，2022）。一方面，由于传统观念以及女性在家务劳动方面的比较优势，致使更多的家务劳动由女性承担，占据大量时间，从而将部分女性排除在就业市场之外，尤其是婚姻以及生育对劳动力供给的影响往往在女性群体中更为显著，使更多女性从事全职家务劳动。事实上，数字素养能帮助女性减少家务劳动的时间，使其有更多的精力投入到工作中，提高女性的劳动参与率。另一方面，由于我国劳动力市场上存在一些就业歧视现象，导致农村女性劳动力面临工作不稳定、权益保障不充分等问题。数字经济的发展降低了就业的门槛，创造了各种灵活的就业形式，赋予了具有较高数字素养的农村女性新的就业机会，也为农村女性的求职发展增添了新的可能（宋月萍，2021）。这些就业形式往往对性别并无特殊要求，甚至在某些行业如网络直播、家政服务等，女性劳动力更具有优势，进而增加了农村女性劳动力就业地点和就业时间的弹性。较高的数字素养还有助于农村女性通过线上学习、知识共享的形式获得新知识和就业技能的提升。因此，在数字经济发展背景下，农村女性劳动力的数字素养对就业的影响更加突出。

基于以上客观事实，本研究提出如下思考：数字素养是否促进了农村女性劳动力市场劳动参与？是否促进了非农参与？是否存在异质性？对于已非农就业的农村女性而言，数字素养如何影响就业类型、就业行业和就业所在地的选择？如何影响其就业质量？可能存在的机制是什么？是否存在异质性？因此，本研究以微观农户为视角，坚持问题导向，遵循“特征性事实—理论分析—实证检验—结论与建议”的研究思路，以“数字素养—农村女性就业参与—就业选择—就业质量”为逻辑主线，并基于2018年和2020年CFPS（中国家庭追踪调查）数据，对数字素养影响农村女性劳动力就业进行分析，剖析其中的影响机制，以期为数字经济发展背景下的农村女性劳动力自身发展以及政府相关政策的制定提供理论支撑。

1.2 研究目的与研究意义

1.2.1 研究目的

农村女性劳动力作为劳动力市场的重要组成部分，依然存在着能力素质不足、生育及家庭照料投入时间多、就业性别歧视以及权益保障缺失等多重障碍，实现农村女性劳动力的高质量就业，需要寻求技术支撑。数字素养是个体在现代社会必须学习和具备的一种长期能力，深刻影响着个体的经济行为。本研究重点探究数字素养对农村女性劳动力就业参与、就业选择、就业质量的影响，并探索了其中的影响机理，为帮助农村女性更好地平衡家庭和工作、完善劳动力市场政策的制定与实施提供参考。

首先，描述农村劳动力就业参与和数字素养的事实特征。①描述农村劳动力数字素养和就业的总体分布特征。②描述数字素养和就业情况的代际差异、个体特征差异和家庭特征差异。③描述数字素养不同分组下农村女性劳动力就业特征差异，为后续的研究奠定基础。

其次，探索数字素养对农村女性劳动力就业参与的影响。数字素养对农村女性劳动力就业的影响始于劳动参与，本研究尝试考察数字素养是否有利于农村女性加入劳动力市场，如果是，那么进一步探究是否更加有利于非农就业性质的劳动参与，为后文的研究内容提供支撑。

再次，探究数字素养对农村女性劳动力就业选择的影响及作用机制。在上述研究的基础上，进一步探究在农村女性受教育机会低于男性，且家庭照料投入时间多的情况下，数字素养对农村女性劳动力非农就业选择的影响，包括就业类型、就业地和就业行业。基于此，判断数字素养是否影响农村女性劳动力的受雇就业，是否扩大了择业范围，是否有利于农村女性在服务行业就业，并深入分析数字素养对农村女性劳动力就业选择的影响机制。进一步分析农村女性在人均收入、受教育文化程度和年龄间的差异性。

最后，揭示数字素养对农村女性劳动力就业质量的影响及其机理。①将就业质量分为客观就业质量和主观就业质量。②检验数字素养对农村女性劳动力客观就业质量的影响及市场信息渠道拓展和社会资本的机制作用。③检验数字素养对农村女性劳动力主观就业质量的影响及相对收入的机制作用，为农村女性劳动力就业质量的提升提供理论依据。

1.2.2 研究意义

(1) 理论意义。

首先，本研究构建了数字素养对农村女性劳动力就业参与、就业选择和就业质量影响的分析框架，丰富了数字素养和劳动力市场理论体系。利用实证分析和异质性分析方法，基于微观视角，将农村女性作为研究对象，考察了数字素养对农村女性劳动力就业参与、就业选择和就业质量的影响，并将就业质量区分为客观就业质量和主观就业质量，分析了数字素养对主客观就业质量的影响差异，研究更加深入，深化了数字素养与农村女性劳动力就业相关理论的研究。

其次，在理论分析的基础上，厘清了数字素养影响农村女性劳动力就业的作用机制，为与数字素养及就业相关的研究提供了研究思路参考。本研究关注农村劳动力市场的快速变化，运用新家庭经济学理论、职业搜寻理论、人力资本理论和社会资本理论、相对剥夺理论，分别构建了“数字素养—信息渠道拓展—就业类型选择，数字素养—工作自主性—就业行业选择，数字素养—社会资本—就业选择”“数字素养—信息渠道拓展及社会资本—客观就业质量”和“数字素养—相对收入评价—主观就业质量”作用机制分析构架，对于如何进一步提升农村劳动者数字素养、提高农村女性劳动力就业质量、促进对农村女性劳动力价值认同和农村女性劳动力就业相关政策设计等提供了一定理论支撑，也为其他农村女性就业影响因素的研究提供了参考。

（2）实践价值。

首先，为就业导向的乡村数字经济提供决策参考。本研究以数字素养和数字素养的四个维度为视角，开展数字素养对农村女性劳动力就业参与、就业选择和就业质量的影响研究，其中就业质量除了劳动报酬、工作稳定性、社会保障、就业强度等因素外，还将主观就业质量也纳入就业质量的考量，以此进一步揭示数字素养与农村女性劳动力就业之间的关系，为以就业为导向的乡村数字经济发展规划及政策完善提供决策参考。

其次，为优化农村女性劳动力培训政策，增加数字素养内容提供微观证据。当前农村居民现代信息技术的使用素养与能力总体水平偏低，在资源获取、经营管理等方面的能力明显不足，对信息技术的知晓率、认知度和利用意识较低。本研究通过实证分析，检验数字素养对就业的重要影响力。将农村居民数字素养尤其是农村女性数字素养的提高作为加快数字乡村建设的重要内容，为弥合城乡居民数字素养鸿沟，数字赋能乡村产业发展，为高素质农民培训等各类培训项目的设计提供依据，且向农村女性劳动力倾斜，为促进乡村振兴和可持续发展增添强大动力。

最后，增进对农村女性劳动力就业权益保障的认知和关注。当前数字经济蓬勃发展，数字素养已成为信息时代社会公民的必备素养，分析数字素养对农村女性劳动力就业的影响，并基于研究结论提出相应的对策，提高对农村女性就业权益保护的认知，充分发挥数字素养对高质量就业的积极作用，进而有针对性地为农村女性就业政策的制定提供参考。

1.3 研究思路与研究内容

1.3.1 研究思路

本研究聚焦农村女性劳动力高质量就业关键问题，以数字素养为切入点，沿着“特征性事实—理论分析—实证检验—结论与建议”的思路展开，并结合我国实际情况提出提升农村女性劳动力就业质量的相关政策建议（图1-1）。

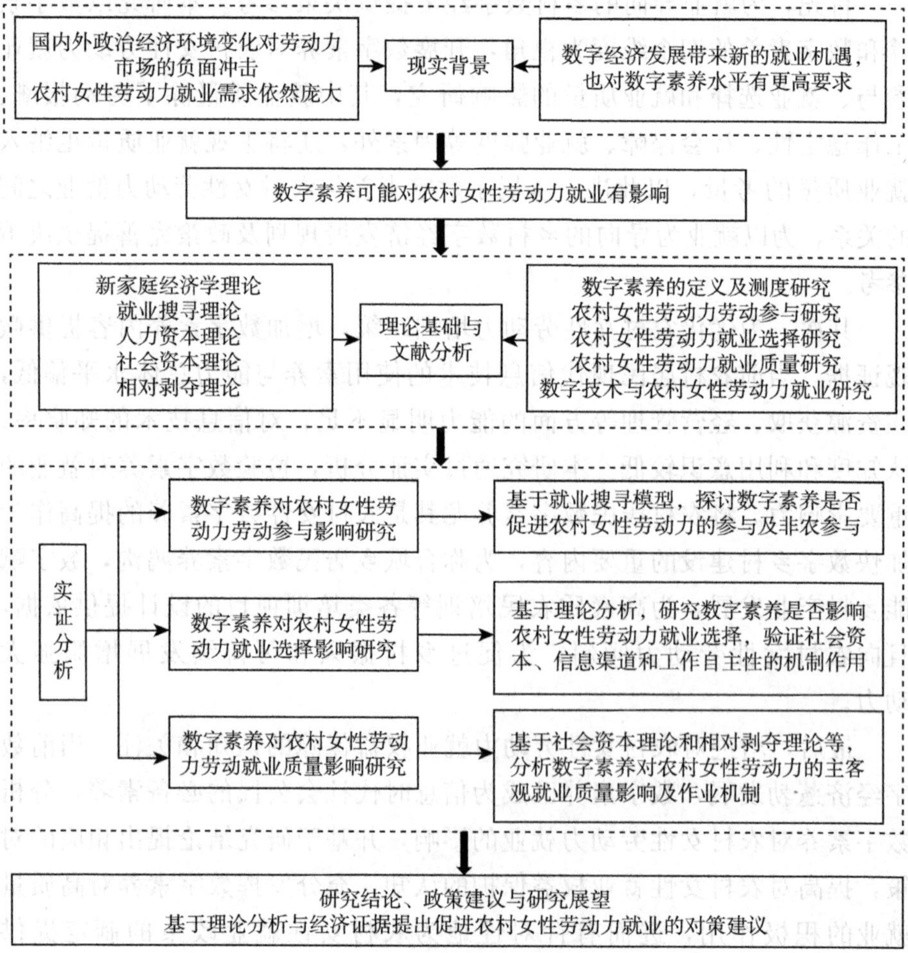

图1-1 研究思路

第一，基于特征性事实和研究背景，在整理文献资料的基础上，提出本书所要研究的问题，明确本书的研究目的与意义，确定研究内容和研究方法。

第二，基于新家庭经济理论、职业搜寻理论、社会资本理论、人力资本理论，构建数字素养对农村女性劳动力就业参与状况、就业选择、就业质量的理论分析框架。

第三，利用CFPS微观调查数据，考察当前我国农村女性劳动力就业现状，并分析数字素养和不同维度的数字素养与农村女性劳动参与、就业选择、就业质量的相关性，为后续进一步研究提供了丰富的材料，并为本书实证章节的研究做铺垫。

第四，实证检验数字素养对农村女性劳动力就业的影响。首先，检验数字素养对农村女性劳动力就业参与的影响。通过实证分析，验证数字素养能否促进农村女性的劳动参与，并进一步深入分析是否有利于非农劳动性质的劳动参与。其次，在农村女性劳动力非农参与情况下，检验数字素养对就业类型和就业行业及就业所在地的影响，并对其作用机制进行分析。最后，检验数字素养对主客观就业质量的影响并分析作用机制。

第五，根据实证分析得出的结论，提出有针对性的建议和对策，并拓展研究计划。

1.3.2 研究内容

本研究选取农村女性劳动力为研究对象，基于2018年和2020年（CFPS）的面板数据，考察当前我国农村女性劳动力就业现状，并分析了数字素养和不同维度的数字素养与农村女性劳动参与、就业选择、就业质量的相关性，重点检验数字素养对农村女性劳动力就业的影响及作用机制。在实证分析得出结论的基础上，提出有针对性的建议和对策。

第1章为绪论。本章首先阐述本书的研究背景，并提出研究问题。主要阐述在国际政治经济环境复杂多变、经济下行和人口老龄化加剧等多重挑战和数字经济发展、城乡劳动力市场加速融合的背景下，促进农村女性劳动力就业对实现农村经济和社会和谐发展的重要现实意义。同时结合农村女性劳动力面临的工作不稳定、就业歧视、保障不充分等现象，提出探索数字素养对农村女性劳动力就业影响的研究问题，明确研究的理论意义和现实意义。其次，阐明研究目的，确定研究内容与研究方法，并阐述研究可能存在的创新点和不足之处。

第 2 章为文献综述。本章主要梳理与本研究相关的国内外研究成果，并进行简要述评。首先，梳理数字素养相关研究，主要包括数字素养的测度研究、农户数字素养的影响作用研究。其次，整理农村女性劳动力就业相关研究，主要包括农村女性劳动力就业研究历程分析、劳动参与影响因素分析、就业选择影响因素分析和就业质量研究因素分析，及数字技术使用与农村女性劳动力就业的研究。最后，对以上文献进行总结和简要述评。

第 3 章为概念界定和理论基础。首先对数字素养的概念及维度进行梳理，并在梳理学者的研究的基础上，确定数字素养的定义。其次，对农村女性劳动力、就业、就业选择、就业质量进行界定。最后，介绍本研究的主要理论来源，主要包括家庭经济理论、职业搜寻理论、社会资本理论、人力资本理论和相对剥夺理论，并构建了本研究的理论框架，为后续研究奠定理论基础。

第 4 章为农村女性劳动力数字素养和就业特征分析。其中，数字素养状况主要包括：地区分布特征、代际差异和个体特征差异。对就业特征的分析主要包括：农村女性劳动参与、就业选择、就业质量和就业满意度在地区、个体特征和家庭特征方面的分布现状。重点考察的是数字素养的不同水平、不同类型数字素养水平的农村女性劳动参与、就业选择、就业质量现状及组间差异，为后续研究提供丰富的材料，并为本书实证章节的研究做铺垫。

第 5 章为数字素养对农村女性劳动参与影响研究。本章研究的是数字素养是否会对农村女性劳动力的劳动参与产生影响。首先采用面板 Logit 模型进行主回归分析，其次采用 Eprobit 模型进行内生性检验，再次采用更换估计方法和更换解释变量进行稳健性检验，最后从家庭人均收入、教育程度和年龄等方面进行异质性分析。

第 6 章为数字素养对农村女性劳动力就业选择的影响。本章主要研究数字素养的提升是否利于农村女性劳动力就业的选择。本章运用面板Logit模型分别实证检验数字素养对农村女性劳动力受雇就业选择、服务业选择和外出就业选择的影响，并进一步探索数字素养对就业选择产生影响的机制。使用工具变量、替换变量和更换估计方法等方式进行稳健性检验，并从家庭人均收入、受教育程度和年龄等方面进行异质性分析，以探索数字素养对就业选择影响的差异。

第7章为数字素养对农村女性劳动力就业质量的影响。本章首先研究数字素养对农村女性劳动力客观就业质量的影响，①采用面板固定效应模型进行主回归分析，②采用IV模型进行内生性检验，③采用更换估计方法、更换解释变量方法和heckman检验进行稳健性检验，并进行了影响机制探讨。其次，探究数字素养对主观就业质量的影响。采用Oprobit模型进行主回归分析，采用边际法进行边际效应分析，判断数字素养的边际影响。采用Eoprobit模型进行内生性检验，更换估计方法和解释变量进行稳健性检验。再次，分析数字素养对相对收入评价的影响，检验数字素养影响主观就业质量的机制。最后，进一步从人均收入、受教育程度和年龄等方面进行异质性分析，揭示数字素养对促进农村女性劳动力就业的现实意义。

第8章为研究结论、对策建议与研究展望。本章首先总结全书研究结论，并提炼出每章的核心观点。其次，根据研究结论，以高质量就业战略为导向，结合当下农村女性数字素养和农村劳动力市场的实际，提出有针对性的相关对策建议，并提出本书研究不足及可能的后续研究。

1.4 研究方法与技术路线

1.4.1 研究方法

本研究具体采用的研究方法可以归纳为以下几种。

第一，文献研究法。在知网、百度学术和WOS上进行大量文献收集，并对文献进行整理，评述国内外研究数字素养与农村女性劳动力就业之间关系的相关文献，了解已有研究的现状并找出其中的不足之处，尝试找到研究的突破口和立足点。

第二，定性分析与定量分析相结合的研究方法。本研究在综述前人文献的基础上，分析数字素养对农村女性就业的影响及机制，为后文的经验分析提供理论基础。理论模型能够说明数字素养如何影响农村女性劳动力就业，但是这种因果关系的验证以及影响强度要通过严格的计量经济分析才能明晰，因此在定性分析的基础上，还需利用宏观、微观数据和计量方法对数字素养与就业之间的关系进行深入细致的分析，最后得出定量的结论。具体而言，将要使用的实证方法有以下三种：

（1）文献计量法。是以文献体系和文献计量特征为研究对象，对文献数据进行统计分析，研究文献分布结构、数量关系、变化规律，进而把握学科结构关系、研究内容和研究热点，在此基础上预测学科发展前沿和趋势的一种方法。但在目前科研数据总量庞大多样、增长快速、信息含量低的背景下，传统的文献计量方法已经难以应对，因此利用 CiteSpace 软件对农村女性就业相关的文献进行辅助性数据分析。追踪农村女性就业研究领域热点，了解该研究领域的研究前沿及演进关键路径，为本书研究方向和研究内容的确定奠定基础。

（2）回归分析法。实证研究的终极目的在于识别所关注的变量之间的因果关系，回归分析可以帮助控制其他因素的影响，确认因果关系。根据每一部分因变量的特点，综合使用 Logit、Probit、Oprobit、FE 和 Tobit 进行面板回归分析，考察数字素养与女性劳动参与、就业选择和就业质量与主观就业质量之间的因果关系，并且通过边际效应计算影响的大小。

（3）工具变量法。由于数字素养和就业之间可能存在不可观测的遗漏变量的影响，这会导致估计结果出现偏差。为克服遗漏变量带来的内生性问题，本研究结合已有研究的成果和我国的实际情况，引入工具变量和 ERM 模型，以此保证估计结果的无偏性和准确性。

1.4.2 技术路线

基于上述研究目标、研究内容和研究方法，本书将按照以下技术路线开展研究（图 1-2）。

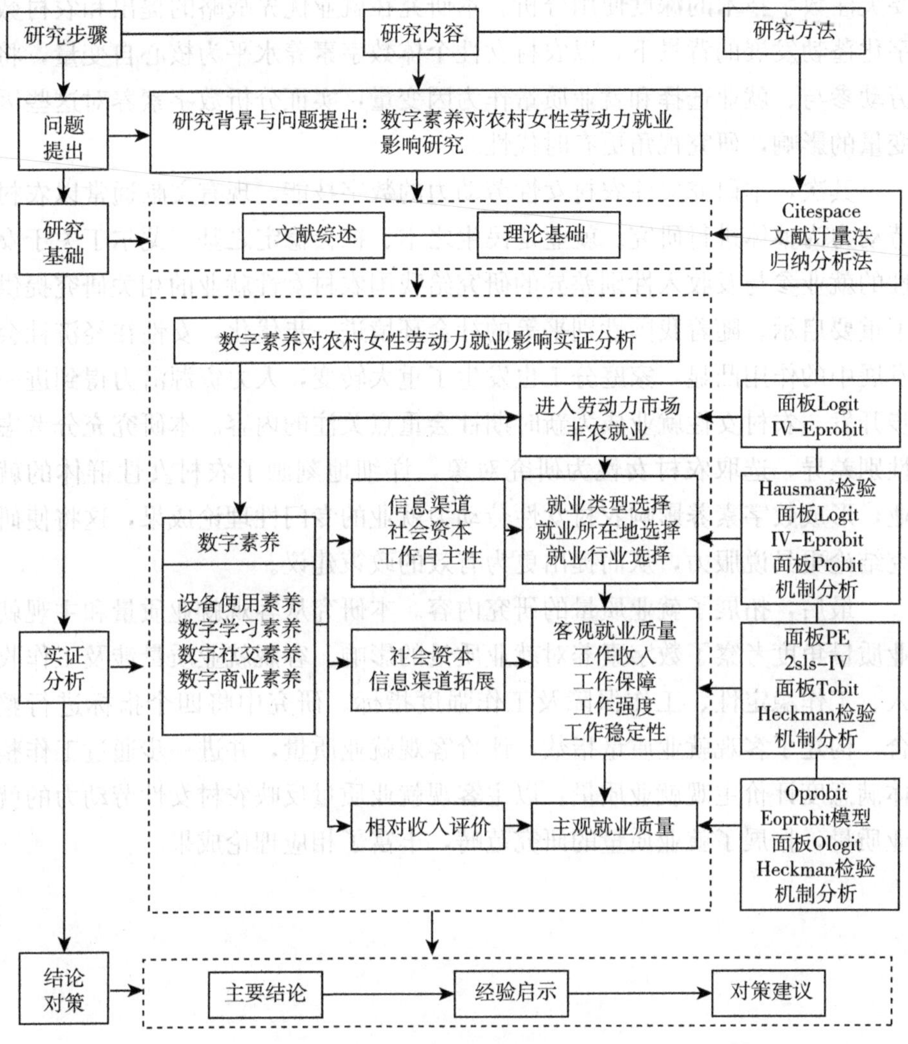

图 1-2 技术路线

1.5 研究的创新点

首先，研究视角聚焦数字技能的深度使用。劳动力的数字素养是就业的必备素养，而现有关于数字素养对就业的影响的研究多是单一研究，或从数字技术使用的可及性进行分析。随着互联网和数字设备的普及，更需要关注数字技术的深度使用分析。本研究在就业优先战略的提出和农村数字化蓬勃发展的背景下，以农村女性个体数字素养水平为核心自变量，将劳动参与、就业选择和就业质量作为因变量，实证分析数字素养对这些因变量的影响，研究视角更有时代性。

其次，本研究关注农村女性劳动力的数字技能。现有文献通常以农村劳动力为整体进行研究。就业是民生之本、社会稳定之基。戈尔丁关于女性的就业参与及收入性别差异的研究给我国农村女性就业的相关研究提供了重要启示。随着我国性别平等的社会环境进一步优化，女性在经济社会发展中的作用凸显，家庭分工也发生了重大转变，人力资源潜力得到进一步开发。农村女性就业成为新时期社会重点关注的内容。本研究充分考虑性别差异，选取农村女性为研究对象，详细地刻画了农村女性群体的就业，形成数字素养影响农村女性劳动力就业的专门性理论成果，这将使研究结论更具说服力，从而提出更为有效的政策建议。

最后，拓展了就业质量的研究内容。本研究从客观就业质量和主观就业质量角度考察了数字素养对就业质量的影响。客观就业质量涉及工作收入、工作稳定性、工作保障及工作强度指标，研究中将四个指标进行整合，构建了客观就业质量指数，评价客观就业质量，并进一步通过工作整体满意度评价主观就业质量。以主客观就业质量反映农村女性劳动力的就业质量，拓展了就业质量的研究范畴，丰富了相应理论成果。

2 文献综述

为深入研究数字素养与农村女性劳动力就业之间的关系，本研究分别梳理了数字素养的由来、作用和就业的相关研究成果。考虑到直接研究数字素养与就业的文献较少，本书进一步梳理了数字技术与农村女性劳动力就业的相关文献。

2.1 数字素养相关研究

2.1.1 数字素养的定义及测度研究

数字素养的概念和维度的界定尚未形成一致的标准，但大部分研究主要依据智能手机或电脑使用、数字支付等情况对农村劳动力的数字素养进行划分。通过对现有文献的总结，本研究归纳出以下几类概念及衡量维度。

(1) 数字素养的概念演进。国外学者多基于能力视角界定数字素养概念。学者 Eshet（2004）将数字素养界定为新兴数字环境下公民生活、学习和工作所需的生存技能，且将图片与图像素养、再创造素养、驾驭超媒体素养、信息素养、社会情感素养和实时思考技能引入概念中。其后，基于发展阶段的思考，在 2006 年以 Martin 和 Grudzieck 为代表，将其定义为个人正确使用数字工具和设备、利用数字资源、构建新知识、创新媒体表达以及与他人沟通等的意识、态度和能力。欧盟委员会将数字素养作为 21 世纪欧洲公民必备的 8 项核心素养之一，将其定义其为在工作、娱乐和交流中批判性地使用信息化工具的能力，强调了批判性和创造性地运用数字工具解决特定问题的能力。英国联合信息系统委员会则提出了包括信息通信技术水平、信息数据和媒体素养、数字制作和创新、数字交流与协作、数字学习与发展及数字身份与健康六个方面的数字能力。美国新媒体联盟 Alexander 等将数字素养划分为通用素养、创意素养和贯穿于各学科之中的素养，分别强调熟练使用基本数字工具、制作丰富数字化内容所需的较高难度技能、依据专业领域知识以恰当方式进行数字化传播。在以上定义的基础上，联合国教科文组织提出了包括操作域、信息域、交流域、内容创作域、安全伦理域、问题解决域、职业相关域七个方面的素养域。

(2) 数字素养的测度。在数字素养概念的基础上，学界分别构建了不同的数字素养的维度。苏岚岚等（2021）以乡村治理为视角，探索性地构建了包括数字化通用素养、数字化社交素养、数字化创意素养和数字化安全素养四个方面的农民数字素养评估指标体系。李晓静等（2022）则参照欧盟数字素养框架，充分考虑生产及经营实际情况，从信息和数据素养、沟通与协作素养、数字内容创建素养、数字安全素养和问题解决素养五个维度构建了农户数字素养的评价指标体系。王杰等（2022）根据我国农村居民利用数字化工具创新知识、资源的能力和意识现状，提出农村居民的数字素养是微观主体在新兴数字环境下正确和合理使用数字工具和设备、利用数字资源、学习新知识及与他人社交沟通等的态度和能力。马丽等（2022）基于中央网信办发布的数字素养相关概念，认为农民数字素养就是在基于网络平台的数字时代，农民拥有使用数字产品的意识和能力，能够通过使用数字技术获取、甄别、理解并分享数字信息，并将其应用到日常生活与农业生产中的能力。单德朋等（2022）基于 CFPS 数据，对接我国“十四五”要求实现数字化转型的现实规划，以提升信息弱势群体中的农村居民数字素养为考察视角，认为数字素养是一种基于数字生活、数字学习、数字工作、数字创新四大场景，利用一定的信息技术手段和方法，能够快速有效地发现并获取信息、评价信息、整合信息、交流信息的综合科学技能与文化素养，逐渐朝着全球“数字公民”方向靠近的一种现实判断力。李五荣等（2022）和王乾坤等（2023）则根据农村家庭在数字信息技术接入和使用上的差距，使用熵值法从“接入沟”和“使用沟”两个维度构建了数字素养衡量体系。赵晨等（2023）基于胜任特征理论界定新就业形态下数字素养的概念，认为数字素养是劳动者适应数字化、网络化的工作要素，平台化、碎片化、弹性化的工作形式以及灵活化的雇佣模式所需具备的胜任特征。温涛等（2023）参考 Reddy 等的定义，将数字素养界定为个人采用数字技术或利用数字设备安全有效地获取、使用、交流、管理、评价、创造和应用信息或数据的能力。李春秋等（2023）选取全球数字素养框架为母版，结合数字乡村和农民数字素养相关政策、报告及数字农民需求与特征，提出数字素养是公民在数字环境中所需的数字操作、获取、交流、安全伦理、创新、问题解决等能力的综合。

2.1.2 农户数字素养对个体、家庭、组织的影响研究

通过文献梳理发现，现有关于农户数字素养对农户自身的影响的实证研究得出了许多有价值的结论。学者们一致认为数字素养具有显著的促进作用，经过整理，本研究将目前数字素养的影响概括为三个层面，包括对个体的影响、对家庭的影响和对组织的影响。

首先是个体方面，突出的是数字素养对行为的改进。苏岚岚等（2021）通过架构农民“数字化教育—数字素养—数字生活”的理论框架，探究发现数字素养对农民参与数字购物、数字医疗、数字生活服务、数字出行和数字生活参与度等方面都发挥了部分中介作用。温涛等（2023）的研究发现，数字素养对农户数字金融行为具有显著的提升效果。单德朋等（2022）则从收入的角度出发，利用中国家庭追踪调查微观数据，验证了数字素养对农户财产性收入积累存在促进作用。数字素养对行为的改进研究还体现在农业生产行为方面。张鹏等（2024）基于中国家庭金融调查数据，通过构建数字素养指数，分析了数字素养对农业生产中化学农药减量使用的影响，表明数字素养促进了农户采纳高效机械施药和科学施药技术，达到了化学农药减量化的目的。胡南燕等（2024）以信息化管理为视角，探究了数字素养对粮食储存的积极影响。

其次是家庭方面。已有研究除了研究数字素养对农户行为、数字生活方面的影响，少数学者还分析了数字素养对农民家庭金融发展和家庭贫困方面的影响效应。王杰等（2022）使用中国家庭追踪调查数据，发现数字素养具有显著的多维相对减贫效应。李睿等（2024）验证了数字素养有助于提高家庭金融资产中风险金融资产的资金比重和持有种类。

最后是组织方面，这方面的研究更多聚焦于对组织治理的积极作用。

苏岚岚等（2022）不但理论阐释了提升农民数字素养水平的途径，还发现数字素养能够显著推动农民参与乡村数字化党群教育、数字化村务管理和数字化民主监督活动。朱红根等（2022）研究发现数字素养水平的提高不但有助于增强农村居民垃圾分类意愿、促进农民积极实践垃圾分类行为，还有助于促进分类意愿和分类行为“知行合一”。马丽等（2022）探索了农民数字素养分别对乡村组织振兴、文化振兴、人才振兴、产业振兴与生态振兴的动力作用。数字素养对农户自身的影响表明了数字素养的有利性，为农户就业的影响因素提供了新视角。

2.2 农村女性劳动力就业相关研究

2.2.1 农村女性劳动力就业研究的演进

农村女性劳动力就业是过去 30 年“三农”研究一直关注的问题。运用 Citespace 分析工具，以中国知网核心论文为数据来源，对近 30 年农村女性劳动力的就业研究演进历程进行了归纳梳理。

(1) 研究文献产出分析。对农村女性就业相关文献产出情况进行统计（图 2-1），由图 2-1 可知，文献产出总体增加趋势强劲，呈现出先小幅波动上升到快速“波浪”上升再到持续上升态势。总体上，可以将文献产出分为 3 个阶段：第一个阶段（1994—2003 年），发文量增长缓慢；第二个阶段（2004—2013 年），发文量增长速度持续加快；第三阶段（2014—

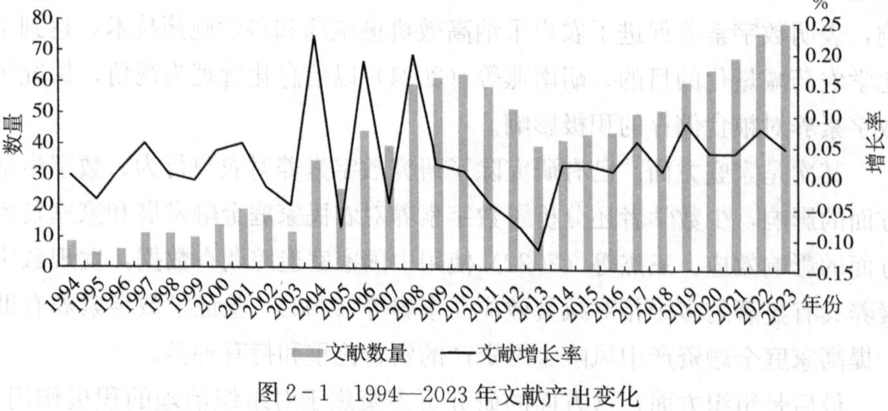

图 2-1 1994—2023 年文献产出变化

2023年），发文量持续上升。这表明近年来，随着妇女权益受到重视，农村女性就业的话题的讨论热度进一步提高，相关文献产出速度加快。

（2）农村女性劳动力就业研究历程。农村女性作为劳动力主体的一部分，又是家庭照料责任的主要承担者，具有双重角色，使得这一群体具有特殊性。正是由于这样的特殊性，农村女性劳动力就业问题日益突出，政府出台的推动就业的政策文件中屡次提及有关促进农村女性就业的内容。使用Citespace分析工具进行关键词分析，可以得到农村女性劳动力就业研究的关键词图谱（图2-2）。

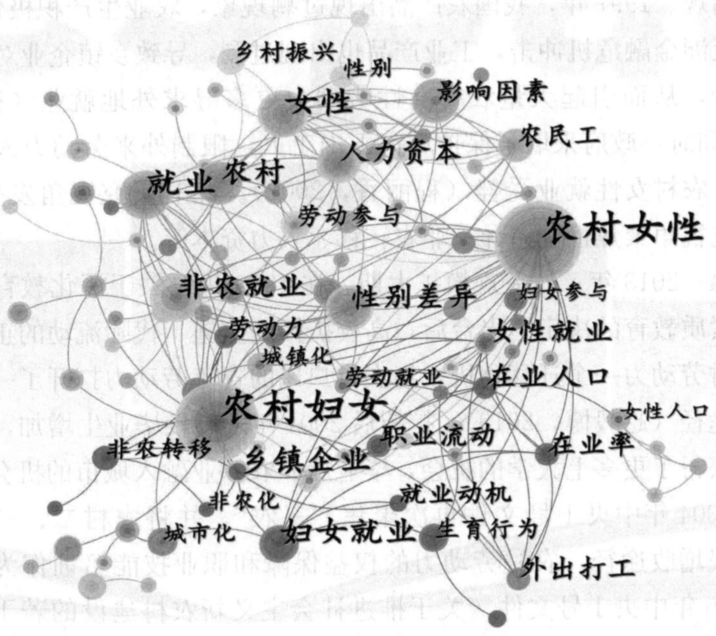

图2-2 关键词共线图谱

根据图2-1和图2-2，本研究将农村女性劳动力就业研究历程总结为研究视角初探期、研究规模扩大期、研究层次提升期三个阶段。

1994—2003年：研究视角初探期。继1992年邓小平视察南方谈话提出加快经济体制改革和现代化建设后，我国陆续出现了“下海”经商潮和沿海地区的扩大开放，工业化、城镇化进入了加速期，农村女性就业出现了新特点。沿海经济发达地区以劳动密集型为主的非农产业高速发展，本地区劳动力供给严重不足（张培栋，1996）。在二元经济结构下，农业劳动收益与其他产业收益差异悬殊，使得农村劳动力积蓄了向城市、向非农产业流动的力量（孙淑清，1996）。与此同时，随着农业生产形势的变化和农村产业结构的调整，以及农业现代化的深入，农村大量劳动力剩余的现象愈加凸显，其中，农村女性劳动力在很长一段时期内是农村剩余劳动力的主体部分（黄芳，2001）。1993 年 11 月，中共中央提出了“促进、诱导农村剩余劳动力向非农产业的转移和有秩序的地区间流动”的方针，要求积极应对、接纳农村外出劳动力。农村女性就业、乡镇企业、职业流动研究初现。1997 年，我国农产品出现过剩现象，农业生产积极性受阻，同时受亚洲金融危机冲击，工业产品也出现过剩，导致乡镇企业对劳动力吸收减少，从而引起大量农村女性劳动力更多寻求外地就业（祝美群，2000）。同时，政府采取了保护城市下岗工人，限制外来劳动力入城的就业政策，农村女性就业受挫（程丽香，2002）。此时研究视角发生转移，主要研究视角聚焦性别差异、非农转移、人力资本等。

2004—2013 年：研究规模扩大期。在 1999 年《关于深化教育改革全面推进素质教育的决定》出台后，高校扩招的实施、代际流动的正向作用给了农村劳动力一个迁移动机，为农村户口的青年劳动力打开了一道迁入城市的途径（赵毅博，2019）。扩招后 2004 年的高校毕业生增加，农村女性同样获得了更多上大学的机会，毕业后非农择业融入城市的机会也相应增加。2004 年中央 1 号文件再次聚焦“三农”，并将农村二、三产业发展，农民增收途径，农村劳动力的权益保障和职业技能培训作为重中之重。2006 年中央 1 号文件《关于推进社会主义新农村建设的若干意见》，标志着社会主义新农村建设的胜利开局，2010 年中央 1 号文件《关于加大统筹城乡发展力度，进一步夯实农业农村发展基础的若干意见》中，正式提出“第二代农民工”。此后随着其他部委和地方政府相关政策的陆续出台，“三农”工作的日益受到重视和惠农政策的陆续出台、不断强化，为农村女性就业提供了更多的机会，农村女性就业问题引起学者们的广泛关注，关于转型期农民工市民化、劳动参与、农村妇女就业及其影响因素、城乡女性就业差异等研究的规模迅速扩大。

2014—2023 年：研究层次提升期。党的十八大以来，以土地确权登记为基础、“三权分置”为主要内容的农村土地制度改革，促进了农村土地规模经营，农村女性作为农村主要劳动力，因家庭照料及在劳动力市场上的劣势，在家庭决策基础上，留守在农村（刘越等，2016）。也因其劳动技能水平和受教育程度偏低，被称为是农村“剩余”群体。而 8 年精准扶贫、5 年脱贫攻坚战和 2018 年以来的乡村振兴战略的实施，以及数字乡村建设的推进，给农村女性地位、生存环境、社会服务、学习机会带来了改善，农村产业模式也从单一模式转型到传统产业加乡村特色产业模式，去小农化趋势明显，越来越多的留守妇女脱离农业，从事兼业或非农就业（汪淳玉等，2020）。酒店、轻工厂等就业占一部分，从事个体经营占一部分，还有一部分女性精英，充分利用了补贴和扶持政策，实现了就近创业或合作组织经营（周萍等，2019）。这个时期，农村女性就业研究层次提升到了实质参与和创新创业，主要研究焦点是农村女性的非农参与、农村女性精英创业、农村女性返乡就业、乡村振兴等，代表着学者们对农村女性就业现实问题的关注和对未来研究的前瞻。

2.2.2 农村女性劳动力劳动参与相关研究

劳动参与是反映就业机会的一个重要指标。既是经济增长的重要条件（蔡昉，2010），也是劳动者获得经济收入、满足参与社会需求的保障（孙婧芳，2017）。农村女性劳动参与率下降不利于保证劳动力的充足供给、缓解劳动力短缺压力，更不利于女性平等地位维系和个人发展（任远等，2022）。那么有哪些因素会影响农村女性劳动力劳动参与呢？梳理现有文献，可以将其概括为个体因素、家庭因素和外部因素。①关于个体因素的研究。传统社会性别观念、“男主外女主内”的角色观念降低了女性的就业优势（卿石松等，2015），角色代偿理论的解释也佐证了这一观点（Xiao et al.，2020）。国内大量实证研究还表明，农村女性劳动力总体受教育水平、劳动力培训水平、身体素质较农村男性低，导致农村女性外出务工机会减少，并显著阻碍农村女性每月打工收入的增长（关爱萍等，2018）。②关于家庭因素的研究。随着新家庭经济学理论、就业优势理论的不断发展，学者们的研究多关注家庭因素对农村女性就业参与的影响。现有的研究结论证实了儿童照料会抑制农村已婚女性的劳动参与（李勇辉等，2020）。家庭老人照料也对农村女性劳动力的非农就业决策呈负向影响（潘明明等，2020），老年照护保障、社会支持、公共服务可以提升农村女性就业概率（于新亮等，2021）。家庭禀赋也是重要影响因素，学者们认为家庭财产水平越高，女性劳动参与的概率越低（宁光杰等，2022）。家务劳动会显著抑制农村女性的劳动参与并减少她们的市场劳动时间（苏群等，2020），与父母公婆同住会获得来自父母的代际支持，也促进了女性的劳动参与（宋月萍，2019）。③关于其他因素的研究。例如配偶因素，学界相关研究多是从配偶的收入和家务支持角度衡量对女性劳动参与影响，一致认为男性育儿参与可以显著提高女性劳动供给（靳小怡等，2022；王希茜等，2022）。在农业要素配置方面，农业机械化、农地确权显著地促进了农村女性劳动参与（罗明忠等，2021；薛畅，2023）。农村女性就业决策面临的问题不少，背后的原因复杂交织。

2.2.3 农村女性劳动力就业选择相关研究

关于农村女性劳动力就业选择的影响因素可以归纳为个体因素、外部因素和具体环境因素三个方面。①个体因素方面，主要包括个体特征和家庭特征等对就业选择的影响。学者们认为非农就业选择依然是农村女性劳动力转移主要渠道，且就业选择受女性劳动力自身的年龄、健康、受教育程度、专业技能培训经历、社会支持等影响，并一致认为个体特征对就业选择有着显著的促进作用（Van et al.，2019；Osundina，2020；Shui et al.，2021）。学者们聚焦于家庭结构、家庭照料、代际支持等对农村女性劳动力就业选择的影响，普遍认为家中子女数量、家务劳动、人口规模、照料负担、居住类型、家庭劳动力平均受教育水平等对农村女性外出就业有重要影响（Blau et al.，2007；Finlay，2021）。并认为家庭代际支持、隔代照料、家庭支持因素等显著提高了农业户口青年女性非农劳动参与率和工作时间，有力促进了农村女性劳动力的外出就业（罗明忠等，2016；华淑名等，2020；王建英等，2022）。②外部因素方面，学者们主要以农地确权、老年照顾保障、生育政策等为视角，探讨了外部因素对农村女性劳动力就业选择的影响，并一致认为农地确权、老年照顾保障等因素使农村女性潜在受雇就业的时间更长（Zheng 等，2023；刘翠花等，

2023)。③具体环境因素方面。当前学者们讨论了就业风险、子女随迁等对农村女性就业选择的影响（潘明明等，2021；Zhang 等，2023），并就这些因素对农村女性离家务工发挥积极作用等相关结论达成共识。

2.2.4 农村女性劳动力就业质量相关研究

(1) 关于就业质量的概念与测量的研究。关于就业质量，国际组织展开较为系统的测量工作。国际劳工组织于 1999 年提出“体面劳动”，概括了人们对工作生活的理想，包括获得生产性工作的机会，享有收入公平、工作安全、社会保障、个人发展与社会融合、言论自由以及组织和参与影响自身决定的权利，更加尊重劳动者的人格尊严。这种从多个维度评价劳动者的工作质量，较传统只看收入或就业机会而言，更具有适应性。在此基础上，国际劳工组织系统列出了包含四个维度、十个指标在内的就业质量测量框架：四个维度分别是充分高效的就业、工作中的权利、社会保障和社会对话促进机制；十个指标分别是就业机会、充足的收入和富有生产力的工作、合理的工作时间、工作与家庭及个人生活的平衡、用工禁止、工作的稳定性和安全性、平等待遇、安全的工作环境、社会保障、劳动关系稳定（ILO，2018）。

联合国相关部门也相继对就业质量进行了概念的界定和内涵的赋予，但并没有与国际劳工组织达成一致的观点。国内外学者，从不同视角给予了就业质量不同的界定。从国际研究来看，Morton（2004）在其研究中认为，就业质量的关键在于就业安全和健康，因此提出通过薪酬水平、工作条件、健康和安全问题、工作保障、人力资源发展和管理、就业公平、职业自由和结社自由等 10 个维度来测度就业质量的结论。但这个测度过于烦琐，而且忽视了就业者的主观就业感受，因此学者们提出了从劳动收入、劳动强度、劳动环境、劳动保障等方面测度就业质量的方法（Schroder，2007）。Ghai（2010）则从国家层面提出，就业质量可以从就业机会、工作权利、社会保护、社会对话等多个方面来测度。Leschke 等（2013）及 Erhel 等（2014）的研究从工资、非标准就业形式、工作时间和生活平衡、工作条件和工作保障、技能和职业发展、工会力度 6 个维度测度就业质量。基于上述分析发现，国际上关于就业质量的测度存在明显差异。从国内研究来看，卢海阳等（2017）和张经纬（2021）将就业自主、工作特征纳入就业质量的测度指标体系。而毛晶晶等（2020）在Erhel（2014）的研究基础上，从收入、工作时间、劳动合同、社会保障这4个方面，使用多维就业质量指数度量就业质量。郭庆（2020）选取就业收入、社会保险、就业强度和就业发展4大维度共6个指标衡量农村劳动力的就业质量。马红梅等（2023）则将农村劳动力就业质量界定为其在工资水平、就业稳定性、社会保障以及劳动时间等方面的综合表现。罗明忠等（2023）设置了就业收入、医疗保障、养老保障、合同类型、工作时间、工作强度自主、工作进度自主和技能使用8个指标，构建了多维度的就业质量测度指标体系。综合已有研究发现，绝大多数学者认为就业质量不仅应该考虑过程而且要考虑结果，学界研究的共同点在于基于微观视角，且基本包含了就业收入、就业保障、就业合同、就业时间等因素，也有学者考察了职业发展、就业自主性等，但少有学者考虑就业者的主观感受。

（2）关于就业质量影响因素的研究。从现有文献来看，就业质量的影响因素可以归纳为就业资本、就业特征和宏观政策三类因素。

一是就业资本因素。就业资本是劳动者进入就业市场时可用的各种条件和资源，包括社会资本、家庭资本和个人资本，是影响就业的重要因素（葛笑如等，2010）。学界主要从社会网络、社会信任、组织成员身份等角度研究了社会资本对就业的影响，并一致认为社会资本对农村劳动力就业质量有促进作用（章元等，2009；杨政怡等，2021）。现有研究主要从家庭禀赋、家庭代际支持视角探讨了家庭资本对农村劳动力就业质量的影响，普遍认为家庭关系融洽、家庭成员支持有利于就业质量的提高（朱慧劼，2017；康晨等，2021）。学者们对个人资本的研究主要从非认知能力、职业培训经历、教育程度、健康状况、权利认知等视角探究了其对农村劳动力就业质量的影响，并一致认为较强的人力资本能提升农村劳动力的就业质量（周丹等，2022；胡祎等，2022；刘长全，2022；王图展等，2023）。

二是就业特征因素。袁超等（2021）利用CLDS数据，探讨了城市流动经历对返乡女性非农就业选择和收入的影响。研究发现流动经历一定程度上改变了农村女性的就业观念，提高了女性的经济收入，但存在明显的城乡差异。诸萍（2021）基于全国流动人口动态监测数据的研究发现，子女随迁对雇员就业身份流动女性的就业质量具有显著的不利影响，而其对非雇员就业身份的流动女性却表现出显著的促进作用。

三是宏观政策因素。宏观政策是高质量就业的重要推力。现有研究主要聚焦公共就业服务、社会融入、户籍变更等对农村劳动力就业质量的影响，验证了宏观政策对就业质量的显著提升作用（许岩等，2022；李礼连等，2023）。随着全面生育政策的落地，生育政策调整和生育代价等对女性就业质量的影响被关注，陈婷婷（2018）以生育代价为视角，分析了其对流动女性的就业质量水平的影响，研究发现，随着社会资本的介入，生育的代价在降低。郭凤鸣等（2023）以中国家庭追踪数据为依据，证实了全面二孩政策的实施对女性工作时间和就业的负面影响越来越小，但对低学历女性就业概率的负面影响时间更长，对高学历女性就业概率的负面影响在减弱。

(3) 工作满意度的相关研究。首先，关于工作满意度的度量。关于工作满意度的研究始于20世纪30年代，其度量有多个维度和多种方法。当前学术界对于工作满意度的度量有三大主流评价方法，分别是综合定义法、差距定义法和参考架构定义法。综合定义法是将工作满意度界定为一个整体，是个体对工作本身及环境条件等产生的主观态度（Locke，1976）。差距定义法则根据个体从工作中所获得的收益与其心理预期之间的差距来判断，差距越大，工作满意度越低，反之则越高（Smith et al.，1969）。参考架构定义法认为工作满意度是组织中的个体根据自己的参考架构对工作特征进行解释后的结果，员工对客观环境的主观认知将极大地影响其对工作的满意程度，这种主观认知受到个体自我参考架构的影响（张凡迪等，2003）。

其次，工作满意度的影响因素研究。通过文献整理，本书将工作满意度的影响因素归纳为个体层面、工作层面和组织层面三类因素。①个体层面，有研究认为，人际关系和谐程度、受教育水平等因素都对工作满意度产生显著有利影响（樊茜等，2018；刘翠花等，2018）。家庭对个体工作满意度也有影响，学者们认为家庭对工作产生的促进作用利于个体工作满意度的提升（钱文荣等，2009）。社会资本是就业的关键资源，人格与社会性是影响个体工作满意度的另两个直接因素（田立法，2019）。人格与社会性具有代际差异，获得高社会资本的“80后”农村劳动力的工作满意度较高（赵蒙成，2016），获得较高的社会认同同时，可倒逼其提升创业就业能力，助推其工作满意度的提升（张敏等，2017）。②工作层面，现有研究主要聚焦工作收入、工作环境、工作压力、通勤时间和就业类型等影响因素。学界认为工作自主权、工作压力程度以及工作环境都会对主观工作满意度造成显著影响，尤其是适度的工作压力、友好的工作氛围能够显著提高个体的工作满意程度（郭圣乾等，2020），通勤时间长则会降低工作满意度（贺建风，2021），工作稳定性强则会提升工作满意度（丁从明等，2020）。对于农村劳动力而言，老一代农村劳动力的工作满意度受物质因素的影响比精神因素更大（程名望等，2013），因此有学者提出，提高收入有利于工作满意度的提升，对农村户籍劳动力工作满意度的影响更显著，且对不同性别和不同行业的农村劳动力工作满意度的影响存在差异（朱红根等，2017），但新生代农民工更加注重工作晋升和适度工作强度等，对工资的期待没有那么强烈（汪昕宇等，2016；王金水等，2022）。从工作类型来看，学界尤其关注的是非正规就业类型的工作满意度。农村劳动力的非正规就业群体由于缺乏劳动合同保障权益，农村劳动力的就业稳定性较差，就业强度大，工作环境恶劣，工作满意度低下（王桂新等，2015）。学者还进一步分析了有雇工的非正规雇佣者、无雇工的非正规自雇者与正规就业者的就业状态，发现三者之间工资收入差距越来越大，特别是处于非正规就业形式的劳动者就业情况不容乐观，工作满意度尤其低（王庆芳等，2017）。另有学者对非正规就业者进行了性别视角的研究，发现女性劳动力的非正规就业工作满意度更低（吴传琦等，2021）。③组织层面，现有研究认为组织氛围、组织公平和组织信任等会显著影响个体工作满意度，充分的组织信任与完善的薪酬福利体系会促使个体工作满意度得到显著提升（赵君，2013；马丽等，2019）。

2.3 数字技术与农村女性劳动力就业相关研究

随着数字中国建设的不断推进，乡村数字基础设施不断完善，学者们将女性的就业研究放在数字技术层面进行探讨。在这一阶段，包括互联网使用、数字化、数字生活和数字技术应用等对劳动参与、就业选择和就业质量的影响不断被学者论证。

首先，学者们研究了数字技术对农村劳动参与的影响。学界普遍认为会使用互联网的农村劳动力的非农就业概率会提高（齐文浩等，2022；王军等，2023）。数字普惠金融可以显著提高女性2%的劳动参与率（李楠等，2023）。数字经济的蓬勃发展正在促进社会分工深化，并极大程度地提升了生产和交易效率，不仅创造出大量的创业机会，而且改善了创业环境，促进了创业增长（刘翠花，2022）。在数字经济时代的当下，随着电子商务、直播带货、远程教育等行业的快速崛起，适合女性发展的第三产业就业需求加速扩大，赋予女性更多职业选择的新机遇，创造出更多女性就业新岗位（陈向东等，2020；王跃生等，2022）。数字平台打破了传统组织边界，降低了微观市场主体进入市场的壁垒，劳动力供求信息匹配更加充分，自由职业、自主创业、兼职就业等灵活就业模式快速兴起，这为农村女性劳动力更多地参与劳动创造了条件。也有学者认为数字经济发展显著促进了农村劳动力的就业（李建奇，2022），新型数字基础设施对本地零工就业工资具有显著的提升作用（张艺等，2022）。

其次，学者们讨论了互联网使用、数字经济等对农村劳动力就业选择的影响。已有的研究涉及数字技术对就业类型和就业行业选择的影响。具体而言，吕康银等（2023）的研究认为，数字经济对非正规就业存在显著促进作用，且对非正规受雇群体影响更大。而周闯等（2023）的研究论证了数字技术对行业选择的影响，研究表明数字经济促进了产业结构服务化，进而有助于增加服务业就业。不同的是，袁冬梅等（2023）利用2014年和2016年CLDS数据，发现数字经济发展对服务业就业是倒U形影响，且对女性劳动力的影响更为明显。

最后，数字技术对就业质量的影响也备受学者们的关注，概括为对客观就业质量的影响和对主观就业质量的影响。相关研究主要从数字经济、互联网发展、产业智能化等对收入、社会保障等某一方面展开。但梳理文献发现，积极与消极影响并存，研究结论尚未统一。

第一，数字技术与客观就业质量的研究。一方面，数字技术促进了客观就业质量的提高。潘海岚等（2024）基于2020年CFPS数据，探究发现数字经济通过减少劳动时间、改善福利保障等途径显著提升了外出务工人员的就业质量。乔小乐等（2022）认为数字技术对于女性劳动者工作转换收入回报的提升作用更加显著。较多学者一致认为数字经济对促进农村流动女性的就业质量有更明显的效果（丁述磊等，2022；张广胜等，2023）。另一方面，学者们认为数字经济发展带来产业智能化，降低了低技能劳动力的需求，对农村劳动力工作稳定性和就业收入产生负面影响（齐乐等，2023；Berg et al.，2022）。

第二，数字技术与工作满意度的研究。相关的研究在学界也未得到一致的结论。一方面，互联网的使用创造了新的工作机会（Castellacci，2019）、增加了工作方式的灵活性和自主性（Bloom et al.，2015），拓宽了信息渠道，从而提高了“人岗匹配”程度（Castellacci，2018）、促进了人力资本积累，进而增强了个体的工作技能（周烁等，2021），可以有效提升就业者的工作满意度。另一方面，由于互联网和人工智能的使用可能加剧过度劳动和降低相对收入，使得互联网和人工智能的使用给外出务工人员的工作满意度带来负向冲击（吴晶等，2023；徐广路等；2023）。

2.4 文献述评

数字经济促进了经济由高速增长阶段向高质量发展阶段的转变，在此大背景下，对于就业的促进作用更是不可否认。随着数字乡村建设的推进，数字技术与乡村生产、生活、就业等多领域全方位融合，农民在各领域深度参与数字化实践，对农民的数字素养提出越来越高的要求。然而，纯粹运用数字技术并不能自动提升人们应用数字技术的能力。本书更加关注互联网技术使用、学习和社会参与等创造性活动，最大程度发挥数字资源优势效应。而目前，农村劳动力群体更多地使用数字技术的娱乐功能，网络活动主要是社交与娱乐，很少发挥资本和资源的优势效应。因此，在数字经济快速发展的背景下，有效提升农户数字能力，培养农户数字素养，进而帮助农户掌握数字应用技术和技能，成为助推就业的重要手段。

纵观已有研究，学者们对于农村女性劳动力就业的相关研究非常丰富，在数字经济、数字技术应用等对农村女性劳动力就业的影响方面也进行了大量研究，集中于宏观和微观尺度，从而为本研究奠定了深厚的理论基础和实践基础。通过梳理已有文献可知，“就业”是一个多维度的概念，用于反映劳动力与生产资料的结合情况，是对劳动力工作状况的总体性刻画，既包括劳动者在就业活动中的物质获得，也包括劳动者个体的主观感受。“数字素养”也是一个多维度综合性概念。关于这两个综合变量之间的关系，大量的研究一方面从互联网的使用对就业的某个方面的影响展开，如工资收入、非农就业或就业质量；另一方面从数字鸿沟或数字化对就业收入、就业选择的影响方面展开。研究结论不统一，且专门研究数字素养与就业两个综合变量之间关系的文献还不多见。另外，多数研究着眼于全体农村劳动力的互联网使用，研究的一般性研究结论并不一定适用于农村女性劳动力。总之，国内外学者的相关研究取得了丰富的理论成果，但深入解析，也存在进一步拓展的空间。

首先，在目前的家庭分工模式下，劳动力市场的外在需求与农村居民的传统观念共同将一些农村女性束缚于家乡，致使她们的经济活动在空间上被极度压缩，时间上呈“碎片化”状态，以整体样本为对象的研究结论是否可外推至农村女性群体需要进一步讨论。实际上，数字生活创造出的新的使劳动者更具自主性的工作岗位，非常适合时间呈“碎片化”的农村女性。从劳动力市场的供需双方来看，利用互联网使得劳动组织“分散”化，更能节省组织的交易费用，提高了企业雇佣具有更低保留工资的农村女性的概率。在供给方面，以家庭收益最大化为目标，农村女性从过去的自我排斥于非农部门到充分利用互联网提供的灵活就业机会，是数字经济下的趋势。能力更强的农村女性除受雇于他人外，还能依托于互联网进行自雇，实现更高质量的就业。因此，本研究以数字素养为视角，结合农村女性劳动力家庭收入、受教育程度和年龄等差异属性，就数字素养对农村女性劳动力就业问题展开针对性研究，以期形成数字素养影响农村女性劳动力就业的专门性理论成果。

其次，大部分学者从数字的接入端分析了数字经济、互联网的使用对农村劳动力就业的积极影响，但却忽略了数字应用端对就业及就业各维度的影响。因此，本研究以数字应用端的数字素养为视角，将数字素养细分为数字设备使用素养、数字学习素养、数字社交素养和数字商业素养四个维度。先讨论数字素养的整体对就业的影响，再分别探讨这四个维度对就业的影响，以期获得更准确的结论。

最后，目前关于数字素养的研究多通过互联网和数字技术的使用展开，且农村劳动力就业研究依然主要停留在非农参与率维度，对就业选择、就业质量的影响，学者们虽有涉猎，但也仅局限于工资收入方面，对就业选择维度如对就业地区、就业选择、就业行业的研究较少，对就业质量其他维度如工作强度、工作福利保障、就业质量和主观就业质量等方面的关注也匮乏。但数字素养存在个体差异，是否使用数字技术创造价值并从中受益取决于个人数字素养水平。具有不同禀赋特征个体，数字素养的受益状况也不同，使其信息选择不同或者对信息的解读不同，从而影响个人对劳动力市场和自己就业状况的评价，导致就业质量状况与主观就业质量不一致。因此，在现有文献基础上，本研究重点分析农村女性劳动力的数字素养对就业不同方面的影响，探讨了可能的作用机制，有助于深入了解数字素养的就业促进效果，这对精准施策、充分发挥数字经济促进就业和提高就业质量有重要的现实意义。

因此，基于以上分析，本研究基于新家庭经济学理论、职业搜寻理论、人力资本理论、社会资本理论和相对剥夺理论等，聚焦如下探索。首先，采用2018年和2020年的数据（CFPS），探索数字素养对农村女性劳动力就业的影响，识别数字素养是否能显著正向影响农村女性的非农参与，如果是，进一步探索数字素养对农村女性劳动力非农就业类型、就业行业和就业地区的选择是否有影响，影响的机制是什么，是否在年龄、文化程度和人均收入水平方面存在差异。其次，探索数字素养对农村女性劳动力就业质量的影响，选取工作收入、劳动强度、社会保障、就业稳定性变量来构造就业质量评价指标。最后，判断数字素养对农村女性劳动力的主观就业质量的影响，全面揭示数字素养对农村女性劳动力就业影响的现实意义。

3 概念界定与理论基础

3.1 概念界定

3.1.1 数字素养

国外学者和相关机构率先对数字素养展开诸多有效探索，一致认为数字素养是进入数字时代后每个人必备的基本素养，具有综合性、通用性和跨学科交互性。在随后一段时期内，不少学者和机构又结合时代发展的阶段性特点，进一步丰富了数字素养的定义。近年来，国内学者也逐渐将数字素养列为重要研究内容并不断深化关于数字素养的认识（郑彩华，2019；董丽丽等，2021）。尽管关于数字素养的内涵要素意见尚未统一，结合国内研究，总的来说，数字素养都强调数字接入素养和数字使用素养。基于此，为了更清晰地反映农村女性劳动力数字素养的差异及对就业的影响，在梳理学者的研究和数据可获得的基础上，借鉴苏岚岚等（2022）和王杰等（2022）的研究，将数字素养定义为在数字经济普惠环境下，使用数字设备和技术安全有效地学习、交流、娱乐和创造应用信息或数据的综合能力，从数字设备使用素养、数字学习素养、数字社交素养和数字商业素养四个方面综合考量数字素养。

3.1.2 农村女性劳动力

首先，“农村女性”或者说“农村妇女”，一般可以从三个层面理解：一是职业层面，指的是从事农业劳动的女性；二是居住层面，指的是生活居住在农村地区的女性；三是社会身份层面，指的是拥有农村户口的女性，无论她的职业和居住地点。其次，劳动力是符合劳动法的对象，是具有劳动能力的个体。因为需要讨论就业问题，所以本书对农村女性劳动力的界定既有对年龄的限定，又有对劳动能力的限定。本研究中所提到的农村女性劳动力主要是指年龄在16～60岁，具有劳作生产的能力，而且可以从事一定的社会生产并将其转换为报酬的拥有农村户口的女性劳动力。

3.1.3 就业

就业，最原始的解释是在法定年龄内的劳动者所从事的为获得报酬进行的务工活动。根据国际劳工组织对劳动力就业的界定，就业是在法定年龄内，有劳动愿望和劳动能力的人，以获取工资报酬或经营利润为目的依法从事的社会经济活动。而陈晓云（2007）认为就业并非静止不动，而是不断发展变化的，体现的是一个社会交往的过程。劳动者在此过程中并非从一而终，而是具有较强的应变性，一个岗位不合适，随之而来又产生新的动机，转而开始寻找新的工作，不断持续下去，直到寻找到新的合适的岗位为止。姜继红（2007）认为就业受社会资本与人力资本双重作用。随着我国农民收入水平的持续提高，农民在基本生存需要得到满足的情况下，对幸福感的要求越来越高，他们不仅希望工资高，而且希望工作更稳定、离家更近，这使得非农工作在类型、稳定性、地点等方面的特征也成为农村劳动力就业界定的范畴。

从研究内容上看，就业实质指就业主体在就业过程中的行动特征和决策过程。2022年中央1号文件明确提出“促进农民就地就近就业创业”。乡村振兴战略持续推进进程中，随着各种利好政策的逐步实施，农民返乡创业和就地就业热情高涨。非农产业落户乡村，农民嵌入当地非农产业链中，实现了农民多渠道增收，“务农、顾家、挣钱”三不误（周慧玲等，2022）。这样的背景下，农村劳动力市场劳动参与、就业稳定性和就业收入等成为就业相关研究的新内容。

互联网的蓬勃发展，催生了分享经济等新经济模式，农村劳动力就业也随着新经济模式的发展产生新变化。在上述就业定义的范畴内，结合时下我国农村数字乡村建设的快速发展，本研究中就业的研究范围包括就业参与、就业选择、就业质量。

就业参与涉及就业参与的广度和性质。就业参与广度方面借鉴Juhn等（2006）及Fu等（2016）的研究，将其定义为目前在业状态和退出劳动市场未就业的状态。而就业参与的性质则是指在广度就业参与的基础上，进一步将就业状态分为非农就业和农业就业。

就业选择既体现在劳动的持续性投入上，又体现在劳动者对就业地区的选择和所从事劳动的行业类型、职业属性、就业方式的选择上。基于此，本研究认为就业选择是指参与劳动的农村女性所选择的就业类型、就业行业和就业地区。学界对于就业类型进行了不同的界定。其中，《中国劳动统计年鉴》根据劳动者的身份，将就业类型分为受雇就业、自雇就业和家庭帮工。而国际劳工组织则将其定义为受雇、自雇、个体经营和无酬家庭帮工，并且将自雇和个体经营者合并为自我雇佣。基于上述分析，本研究中的就业类型为个体对受雇就业还是自雇就业的选择。

学界主要通过行业集中度、行业特征、国民经济参与度和研究侧重点等指标对就业行业进行分类。聂海峰等（2016）根据行业二位数代码，将行业分为垄断行业和非垄断行业。李善民等（2007）根据劳动力、资本和技术三种要素的密集度，将行业划分为劳动密集型产业、资本密集型产业和技术密集型产业。另有学者则将就业行业分为第一产业、第二产业、第三产业三类（王振波等，2007；翁贞林等，2021）。随着行业技术水平的提高和消费者服务需求的日益增长，产业结构发生了明显变化，刘振等（2023）在传统产业分类基础上，将第二产业细分为传统第二产业和高技术制造业，将第三产业细分为传统服务业和现代服务业。随着数字经济的快速发展和农村教育水平的逐渐提高，相比于传统的制造业和建筑业就业，农村劳动力在服务行业就业是就业行业选择的趋势（武可栋等，2022），且农村女性选择服务行业就业的趋势更为明显（袁晓燕等，2023）。因此，结合已有研究，本研究认为选择服务行业就业是个体的决定，服务行业涵盖传统服务业和现代服务业。

国家统计局发布的《农民工监测调查报告》指标解释中，将农村劳动力在本乡镇地域以外从业定义为“外出务工”，而在本乡镇内从事非农活动的则界定为本地就业，这一解释被较多学者采用（杨穗等，2019；张琛等，2023）。孙晶晶等（2023）的界定范围略有差异，其根据就业区域是否在县域范围以内，将非农就业细分为本地非农就业和异地非农就业。农村劳动力就业地区的选择是个体“离土不离乡”和“离土又离乡”两者之间推力与拉力博弈的结果。

3.1.4 就业质量

就业质量主要是强调对劳动者工作满意度、健康福祉的重视，“工作生活质量”在就业相关研究中被学界关注，体现为工作收入足够、工作有保障、工作有安全感和工作强度适当，多涉及劳动时间、权益保障、薪资福利、工作稳定性等多个维度（聂伟等，2016）。现有研究中绝大多数学者认为就业质量应该考虑过程也要考虑结果，学界研究的共同点在于基于微观视角，且基本包含了就业收入、就业保障、就业合同、就业时间、就业满意度等因素。一直以来，政府也特别关注妇女的就业，2021 年国务院印发了《中国妇女发展纲要（2021—2030 年）》，明确提出了重视妇女事业发展，优化妇女发展环境和保障妇女合法权益，鼓励妇女为推动经济高质量发展贡献力量，提高妇女的获得感和幸福感等内容。

因此，为更加深入和全面地了解农村女性劳动力的就业质量，本研究在现有研究基础上，除了探讨客观就业质量，还将探析主观就业质量。其中，客观就业质量界定为工作的稳定性、收入水平、社保福利等方面的综合指标在实际工作中的客观体现。本研究采用工作收入、工作强度、工作稳定性和工作保障四个维度衡量农村女性劳动力客观就业质量，由这四个维度构成客观就业质量综合指数，刻画农村女性劳动力的客观就业质量。主观就业质量为个体对工作整体情况的主观感受，本研究根据农村女性对当前主要工作整体满意程度的主观评价进行测量。

3.2 理论基础

3.2.1 新家庭经济学理论

经济学家萨缪尔森和诺德豪斯教授提出，经济学是解决资源稀缺情境下，如何生产有价值商品并实现商品在不同个体间的分配的研究（Samuelson et al.，1992）。经济学有宏观经济学和微观经济学之分，主要应用于资源分配、贸易等领域。作为微观经济学的一个分支，新家庭经济学由诺贝尔经济学奖获得者加里·贝克尔提出，其研究广泛应用于家庭劳务分工和就业决策等领域。

贝克尔认为，家庭是一个小型的生产单位，生产的产品是家庭的幸福。家庭是由多个人组成的综合体，其既是消费单位，也是生产单位，还是投资单位，跟其他理性的经济人一样，每天都要进行投入与产出的生产决策，目的是对人均收入和时间等有限资源进行配置，实现家庭生产效用最大化（Becker，1986）。因此，家庭效用可以用效用函数表示：

$$U=f(x_1,\ x_2,\ \cdots,\ x_n)$$

其中，U 表示家庭效用，X 表示家庭的产出，如家务劳动、家庭照料、成员关系等。家庭的任意产出都依赖家庭成员时间的投入和市场资源的投入。因此，决定家庭效用最大化的因素是时间投入和市场资源的投入。

新家庭经济学除了提出家庭整体效用理论，还提出了家庭性别分工的理论。新家庭经济学认为，家庭之所以存在，是基于家庭成员的分工和协作。由于家庭成员的人力资本和生理不同，成员的比较优势和绝对优势存在差异，家庭成员的时间和精力分配在家庭和市场上的比例也存在差异。由于女性在家庭照料和家务方面通常有比男性更为有利的条件，女性在家庭部门的效率高于男性，所以女性更多从事家务劳动、子女抚育和丈夫成就投资活动。而男性则在市场部门的效率更高，因此大部分的时间用于市场活动（Becker，1986）。新家庭经济学为家庭成员的市场工作、家庭生产和闲暇的选择提供了理论分析视角。其一，在家庭成员比较优势都较大的情况下，家庭成员可以在分工上有所侧重，在工作类型、工作时间长短和工作所在地上做出不同的选择。其二，由于女性的知识水平、生理状况和技能水平较以往有所提高，且社会地位也得到提升，在这种情况下，就家庭整体收益而言，女性参与有偿的市场劳动的必要性得到提高。

3.2.2 就业搜寻理论

就业搜寻理论又称工作搜寻理论，最早由 Stigler 在《信息经济学》一文中提出。搜寻理论最先应用于商品市场中，认为消费者在商品市场会一直搜寻价格低的商品，直至搜寻成本与消费预期收益相等为止（Stigler，1961）。在这一研究的基础上，有关交易成本和边际报酬等研究得到进一步拓展。随后还用于劳动力市场、动态工作搜寻理论、自然失业率、劳动力流动等研究领域。随着理论体系的逐渐完善，搜寻理论应用于劳动经济学，用于分析工作的搜寻，对劳动力个体选择满意的工作、搜寻成本和搜寻时间的考虑有重要指导意义。

工作搜寻理论的相关观点如下：首先，劳动力市场上的就业信息存在不对称的情况，劳动者需要在就业市场不断搜寻工作。这意味着劳动力市场的就业信息难以被完全披露，资方无法将完全的就业信息如工作报酬、工作保障等信息传递给劳动者，劳动者的就业报酬预期和其他需求也无法完全让资方了解，由此导致劳动者需要在劳动力市场上不断搜寻符合预期的就业岗位，了解更多与工作有关的信息。其次，在搜寻临界时间点内，失业时间与获得高报酬工作可能性成正相关关系。因搜寻工作而造成的失业时间越长，关于工作的信息越完善，越有利于劳动者做出有利的就业决策，劳动者获得报酬优厚的工作的可能性也增加。但是，随着搜寻时间的继续延长，就业搜寻成本也随之提高，就业岗位有限，那么获得高报酬的工作岗位的可能性随着搜寻时间的延长而递减。最后，就业搜寻的停止点是工作搜寻时间的边际收益等于边际时间成本时。当工作搜寻成本低于工作搜寻收益时，工作搜寻就是有利的，随着搜寻时间的增加，搜寻收益也随之下降，而当搜寻成本和搜寻收益相等时，则劳动者的就业搜寻行为就停止。从以上理论分析可知，搜寻时间和搜寻成本是就业搜寻的关键影响因素。在数字经济快速发展、公民数字素养逐步提升的情况下，农村劳动力的就业搜寻时间和搜寻成本随着数字信息收集、识别能力的增强而得到缩减，就业信息对称性也相应提高，进而更利于劳动者的就业选择。

3.2.3 人力资本理论

随着西方资本主义社会的形成，工厂里的工人被当作机器一样从事着工作，工作强度高，且报酬低，工人的地位极其卑微。古典经济学派代表亚当·斯密意识到了人的价值，并在其著作《国富论》中首次体现出了人力资本的思想，认为个体间的天性差异有限，差异性则体现在固定资本和流动资本中，而固定资本则包括了个人的才能，比如工作技能的熟练程度，并将学习视为一种投资，认为学习产生的花费，可以通过创造更多价值得到补偿（亚当·斯密，1964）。这一思想虽然没有明确地使用人力资本的概念，但从素养层面将才能、经验和技巧列入了人力资本的范畴。其对学术界的贡献在于，突破了传统的物质资本的思想，强调了个体资本的重要性，为人力资本概念的正式提出和后世研究奠定了思想基础。随着新古典经济学的兴起，人力资本理论得到了进一步的拓展。以马歇尔和沃尔什等为代表，研究聚焦两个方面：一方面，认为劳动者的劳动能力的培养是最具有价值的投资活动，其价值不仅体现在微观上对个体劳动效率的促进，而且还体现在宏观上对国家人口素质和工业竞争优势的提高；另一方面，认为人力资本的形成方式主要是通过一般能力和专业技能的训练，一般能力是个体的决策能力、认知能力和智力水平等，而专业技能则是机器操作熟练程度和体力（王开国等，1999；马歇尔，2013）。新人力资本理论在肯定人力资本的资本属性基础上，还明确了人力资本的增值性，意味着人力资本可以通过教育和技能培训获得提升，使劳动者个体的体力与技能得到改善。但这一时期的人力资本理论，并未将人力资本作为生产要素，放入经济增长的研究框架中。

在学界前期研究的基础上，舒尔茨首次提出了人力资本在经济增长中的作用。在西欧各国经济发展的事实基础上，舒尔茨首先总结出宏观经济增长的核心不是人力资本的存量，而是人力资本的水平，即劳动者素质和技能水平的高低。并认为人力资本是体现在个体身上的知识、技能、健康状况的总和，可以通过教育、保健、在职培训、劳动力迁移等获得。其次，他还提出了教育投资的观点，认为不同个体的人力资本，都可以从学校正规教育中获得，并验证了教育投资回报率高于物质资本投资回报率的假设（Schultz，1968）。舒尔茨的人力资本理论将人力资本以生产要素的形式被学界纳入经济学相关的研究中（李永春等，2022），解释了经济增长的真正原因，也为国家教育投入、人口素质提高和人力资本存量指标的确定提供了坚实的理论基础。贝克尔也在其研究中提出了人力资本相关理论，与舒尔茨等的研究共同点是，认为人力资本表现为人的知识、技能和才干，以及人力资本可以通过培训和教育获得提升。但不同的是，他认为人力资本的研究应该在家庭学研究框架内讨论，并从微观视角验证了教育投资的经济价值（Becker，1966）。

人力资本理论的研究涵盖了技能培训、工作经验对人力资本的影响，研究成果在现在的研究中得到广泛应用。数字素养优越性的发挥要求个体具有一定的知识水平和学习能力，数字素养作为现代信息社会中的一种新的人力资本，在劳动力教育和健康水平提高的情况下，更具有契合现代社会需求和不可轻易替代的优势。对于农村女性而言，由于自身受教育水平和家庭利益的约束，造成其职业选择受限和工资差距明显（Goldin，2021）。数字素养是劳动者能力的体现，在现代数字生活中，数字素养的提高有利于打破家庭利益和能力对就业的约束，增强自身与就业岗位之间的匹配性，从而促进就业水平和就业质量的提高。可见，只有人力资本达到一定的水平，数字素养对就业的有利影响才能实现。因此，为有效提高农村女性的就业水平和就业质量，需要在数字资源普惠背景下，提高农村女性的数字素养，发挥其在就业选择中的驱动作用。

3.2.4 社会资本理论

社会资本的思想由来已久，我国的古代文化思想中就有重要体现。如《论语》中“君子信而后励”，《孟子》中“天时不如地利，地利不如人和”等，论述了信任和社会关系和谐对获得尊重与支持的关键作用。但这些只是社会资本的思想体现，并未形成社会资本完整的概念。第一位对社会资本的概念有完整界定的学者是社会学家布尔迪厄，学界将其称为社会资本之父。1985年布尔迪厄在其研究论文中提出了社会资本的概念，认为社会资本是实际或潜在资源的一种集合，而这些资源和社会网络密不可分（Bourdieu，1985）。社会资本是在社会网络结构中产生的，属于个人的一种资产，并在社会交换过程中发挥作用，即社会资本以社会网络的形式存在。此后，社会资本的研究在学术界得到广泛关注和完善。Coleman（1990）在前人研究的基础上，结合宏观与微观视角，将社会资本的概念和形式做了更加系统的分析。提出了社会资本的新定义，认为社会资本是行动者为了实现自身利益，进行社会资源相互交换所形成的社会关系。这种社会资源就是社会资本，表现形式有信息网络、权威关系和社会组织等。随后，Putnam（1995）将社会资本的概念进一步扩展应用到民主治理研究中，从社会组织出发，认为社会资本是信任、规范以及网络的特征集合。其研究为分析社会资本的影响因素奠定了重要理论基础。林南则在社会资源理论基础上，提出了社会资本理论，认为社会资本是在社会关系中能在市场上得到回报的一种资源，这种资源可以通过有目的的行动获得，强调了通过个体的主观能动性能获得社会资本（Lin，1999）。学界对社会资本的类型也有代表性的研究。首先是 Gittell 等（1998）将社会资本区分为“桥接型社会资本”和“联接型社会资本”。“桥接型社会资本”强调了社会资本在不同主体间的纽带作用，社会关系的资源包括知识和信息等。“联接型社会资本”是存在于组织中的信任和规范等，作用是加强组织成员间的合作。其次是学者 Nahapiet 等（1998）的研究分类，他将一系列社会资本的不同维度与智力资本创造纳入研究，提出了结构社会资本、认知社会资本和关系社会资本的分类。综上所述，由于社会资本具有无形性属性，虽然不同的学者对其的定义、范畴有所不同，但社会资本存在于个人或组织社会网络中，且是对个人或组织的有价值资源是学者们的共识。随着社会资本的内涵得到逐步完善，社会资本成为经济学和管理学中重要的分析理论依据。

3.2.5 相对剥夺理论

相对剥夺理论源自相对剥夺感的概念，著名社会学家默顿首次提出相对剥夺理论，后经学者不断完善，广泛用于社会学和心理学等领域，是一种个体或群体认知和主观感受的评价理论。主要观点是个体在比较过程中，不完全参照自己获得的绝对利益来评价公平与否，而是通过相对的比较进行评价（刘欣，2002）。这种相对评价的参照可能来自自己的过去状态，有可能是周围相似的人，还有可能是自己价值的预期与自身能力的比较。基于此，相对剥夺理论提供了新的视角来分析农村女性劳动力的就业的主观感受。农村女性劳动力在就业市场上往往面临多种限制和挑战，如文化水平、就业条件、性别歧视等。这些因素可能导致她们在就业过程中处于相对劣势地位。当她们将自己的就业状况与男性劳动力或其他优势群体进行比较时，可能会产生强烈的相对剥夺感。当她们看到其他群体从事相对轻松的工作时，可能会产生更强烈的相对剥夺感。如果农村女性劳动力的报酬水平与其他群体相比存在差距，她们可能会对自己的就业状况感到不满。相对剥夺理论为分析农村女性劳动力主观就业质量提供了一个有力的工具。通过关注农村女性劳动力在就业过程中的相对劣势地位和由此产生的剥夺感，可以更深入地理解农村女性劳动力的主观就业质量影响因素。

3.3 数字素养影响农村女性劳动力就业的理论框架

数字经济对农村女性劳动力就业具有显著的影响。但现有的研究表明，数字经济的发展给农村女性就业带来的影响引出两种相反的观点：一种认为数字经济带来了新的就业机会和就业形式，具有“创造效应”；另一种则认为，数字经济的发展减少了用人的需求，也对劳动力的能力提出更高要求，具有“替代效应”。就业是民生之本，更是劳动者参与经济的重要渠道。农村女性劳动力作为特别的劳动群体，其就业参与和就业选择受到自身和外部环境因素的影响，从而影响就业质量。数字素养是一种新型的能力要素，是数字经济对农村女性的赋能，其对就业的影响日趋明显。

首先，数字素养促进了农村女性的就业搜寻，影响着农村女性劳动参与决策。从劳动参与来看，农村女性劳动力就业信息渠道不通畅及信息缺乏易导致盲目就业或无法获得就业机会。根据就业搜寻理论，数字素养利于打破传统的信息边界，帮助农村女性发现就业信息渠道，在搜寻成本不增加的情况下获得大量就业信息，突破时间边界、空间边界的约束，强化了个体的就业决策。在此基础上，就业信息的快速流动和有效获得，能打破已有的知识体系，使农村女性了解更多关于就业岗位职责、就业收入、就业保障、劳动保护等的信息，在提升知识水平的同时，还减少了信息不对称引起的道德风险和逆向选择问题，提高了农村女性就业谈判能力、在就业市场中的地位和议价能力，为农村女性就业参与提供了帮助。

其次，数字素养拓宽了农村女性的信息渠道、增加了她们的社会资本、增强了她们的工作自主性，进而影响了农村女性劳动力的就业选择。第一，借助互联网平台，拓展了已有的信息渠道，农村女性劳动力能从终端获取更多行业发展相关信息，提高了对自雇或创业风险的认知。在当前经济增长速度下行趋势下，增加了受雇的可能性。第二，数字社交素养促进了人与人之间的交流，利于农村女性建立起更好的人际关系网络，缓解了劳动者融资成本高的情况，增强了农村女性的社会资本。在工业化背景下，非农就业收入效率高于农业生产效率，越来越多的农村女性劳动力转移至城市，尤其是青年女性劳动力被高收入、丰富的岗位选择、城市生活和经济规模所吸引。特别的是，我国农村社会以人缘、地缘和血缘关系为重，强大的社会关系网络，利于务工信息的共享，降低了工作机会搜寻成本。与此同时，农村劳动力的受教育水平和数字素养都有了明显提升，面对就业机会少带来的“学历贬值”和“就业难”等现象，年轻、学历较高、未婚的女性倾向于在更大空间范围的大城市就业（童玉芬等，2015）。第三，数字技术在生活和生产中普遍应用，倒逼农村女性劳动力加强数字技能的学习，提高了就业的能力，进而增强了农村女性数字环境下的就业适应性，缓解了农村女性劳动力受制于家庭和劳动能力的双重约束，提高了农村女性在作息时间富有弹性、劳动强度偏低的服务业就业的可能性。因此，在需承担更多家庭责任和时间碎片化的情况下，农村女性劳动力的就业选择需要具有较高的数字素养作为行动要素。

最后，数字素养通过社会资本和相对收入评价影响就业质量。劳动力最明显的特征是具有主观能动性，只有与能力结合起来，才能实现人力资源潜力的最大程度发挥。较高的数字素养水平可能会转变农村女性的就业观念，增加其通过数字能力参与社会生产活动的机会，由传统的性别、年龄分工逐渐转向技能、价值分工，凸显其更加细腻、更有耐心、更善沟通的独特优势，为提高农村女性劳动力，特别是低学历女性劳动力的就业质量提供了可能。根据国际劳工组织的研究结论，本书从客观就业质量和主观就业质量两方面分析农村女性劳动力的就业质量。客观就业质量是包括工作的稳定性、薪资水平、社会保障和工作强度等方面的综合指标；而主观就业质量是劳动者对整体工作的满意度。人力资本理论认为，由于人力资本具有差异性，导致劳动力就业质量有所差别。农村女性劳动力的数字素养增加了其学习的机会，利于其人力资本的提高，进而影响就业质量。同时，高数字素养的农村女性劳动力打破了以传统关系建立的信息渠道，选择数字信息渠道了解劳动力市场信息，能快速实现职业匹配，便捷地寻找到更为优越的就业岗位（田鸽等，2022）。因此，为提高农村女性劳动力的就业质量，除发挥数字素养的直接作用，还要从人力资本和信息渠道拓展两个途径入手，发挥两者的协同作用，才能有效提高农村女性的就业质量。数字素养赋予了个体数字技术的各方面使用能力，借助数字经济规模扩大能有效提升农村劳动力的就业机会、工资收入水平等（李梦娜等，2023），增强了个体的心理安全感，利于主观就业质量改善。然而，根据相对剥夺理论，数字素养也有可能引起农村女性不切实际地比较或攀比，产生不公平的心理，弱化了数字素养对工作满意度的促进作用。

由此可见，数字素养作为一种新的能力，对农村女性劳动力的就业可能产生显著影响。因此，本研究基于“数字素养—劳动参与—就业选择—就业质量”的逻辑主线，构建了研究的总体理论框架（图3-1），深入分析数字素养对农村女性劳动力就业的影响和作用路径。具体分析如下：①从

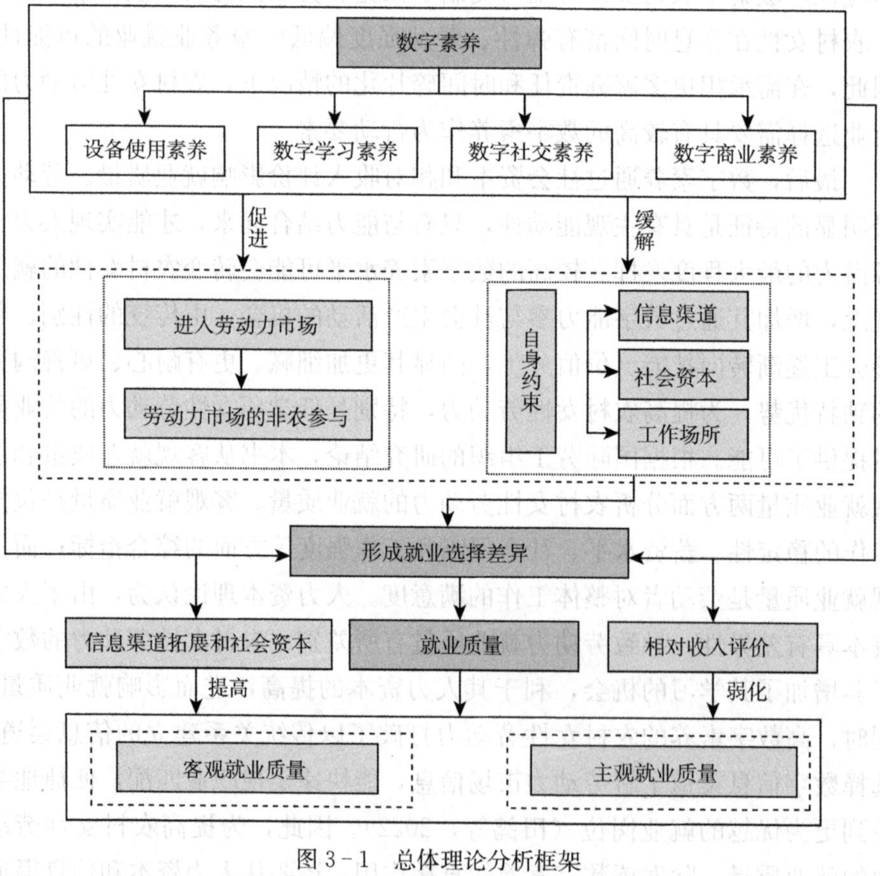

图3-1　总体理论分析框架

数字设备使用素养、数字学习素养、数字社交素养和数字商业素养4个方面细致刻画农村女性劳动力的数字素养，考察并检验数字素养对非农劳动参与的影响。②验证数字素养对就业选择的直接影响，并验证信息渠道、社会资本和工作自主性的机制作用。③从客观就业质量和主观就业质量方面探究了数字素养对农村女性劳动力就业质量的影响，并验证社会资本和信息渠道在数字素养与客观就业质量之间的作用路径，分析了相对收入评价对主观就业质量的影响。

4 农村女性劳动力数字素养与就业特征分析

4.1 数据来源

本研究所使用的数据来源于中国家庭追踪调查数据库（China Family Panel Studies，简称 CFPS）。该数据库由北京大学中国社会科学调查中心实施的重大社会科学项目完成。数据覆盖全国 25 个省份，调查频次为每两年一次，追踪数据包括个体、家庭和社会三个层面，个体层面涉及婚姻变迁、教育获得、职业经历、子女教育、行为能力等内容；家庭层面涉及家庭成员关系、人均收入、家庭支出和家庭资产等；社区层面涉及基础设施、人口结构、政策实施、经济情况、社会服务等内容，是目前反映我国社会、经济、人口、教育和健康的变迁的权威数据来源之一，为本书的研究提供重要数据支撑。该数据库因覆盖面较广、样本量更大、代表性较强，保证了数据的可靠性和代表性，目前学术界也较多使用 CFPS 进行就业相关的研究。本研究中使用了 2018 年和 2020 年两期数据。数据处理过程如下：首先，将 2018 年和 2020 年 CFPS 家庭关系数据库、经济数据库和个人数据库进行匹配合并，并根据研究所需整理各变量信息；其次，将两期的数据进行纵向合并得到面板数据；最后，根据研究中变量的设置要求，对原始数据进行处理。本研究对象为农村女性劳动力，且考虑到大量农村劳动者在超出劳动力年龄范围仍处于工作状态，所以本研究选择的样本为农村户籍且年龄为 16～60 岁的女性。

基于前文对数字素养和就业等相关概念的界定，通过数据清理、整理匹配后，最终获得 5 612 个有效样本。本部分通过采用一定的统计分析，对农村女性劳动力的数字素养和劳动参与、就业选择及就业质量现状进行了描述，初步掌握其在地区、代际、文化程度及家庭结构等方面的差异及分布，并分析了就业相关维度与数字素养之间的相关关系。其中，从劳动参与、就业选择、就业质量和主观就业质量四个维度对其就业特征进行了描述性统计分析，这些特征可以为后续研究提供丰富的材料，并为本书的实证研究做铺垫。

4.2 农村女性劳动力数字素养特征分析

4.2.1 农村女性劳动力数字素养水平分布特征

数字素养是样本所具备的使用数字设备、利用数字资源、学习新知识及与他人社交沟通等能力的综合，由数字设备使用素养、学习素养、数字社交素养和数字商业素养综合度量。其中，数字设备使用素养借助“是否使用手机或电脑上网”来测度，“是”赋值为1，否则为0。采用“是否使用互联网络学习（如搜索学习资料、上网络学习课程等）”和“使用互联网学习频率”来测度数字学习素养，“否”和“从不”赋值为0，“是”或其他使用频率赋值为1。数字社交素养借助“是否使用互联网络进行社交活动（如聊天、发微博等）”和“使用互联网社交频率”来测度，赋值方法同数字学习素养。数字商业素养借助“是否使用互联网络进行商业活动（如使用网银、网上购物）”和“互联网商业活动的频率”来测度，赋值方法同数字学习素养。在计算过程中将四个指标进行标准化处理，采用等权平均法将数字素养计算为一个代理指标即数字素养指数，数字素养指数越高，数字素养水平越高。

我国地区差异大，有多种不同的区域划分方式，包括基于经济政策的划分、基于自然地理的划分、基于综合地理位置和人文特点的划分等。由于经济因素更能对农村劳动力产生拉动作用，因此，为了更加准确地分析我国农村女性劳动力的数字素养分布特点，本研究以经济区划作为农村女性劳动力数字素养分布的区域划分标准，统计出我国不同地区农村女性劳动力的数字素养水平（表4-1）。

根据表4-1可以看出，东部地区样本1 685个，占30.02%；中部地区样本2 236个，占39.84%；西部地区样本988个，占17.61%；东北部样本703个，占12.53%。在数字素养水平方面，全样本视角下，农村女性劳动力数字素养均值为0.424，低于中间值0.500，表明农村女性数字素养总体水平偏低。各维度的均值中，数字设备使用素养指数最高，为0.588，表明智能手机或互联网在农村地区有较高的使用范围。社交素养水平指数次之，均值为0.493，表明大部分农村女性劳动力都能利用数字设备实现信息交流与沟通。数字商业素养指数均值最低，仅为0.304，远低于平均水平，表明大部分的农村女性劳动力尚未通过数字技术实现商业交易。数字学习素养指数均值为0.313，处于比较低水平，表明农村女性劳动力通过互联网学习的概率低。从全样本来看，数字素养水平的各维度指数均值从高到低排序依次为数字设备使用素养指数>数字社交素养指数>数字学习素养指数>数字商业素养指数。这种数字设备使用素养和数字社交素养指数较高，而数字学习素养和数字商业素养指数偏低的特点，符合我国当前农村数字经济发展的实际。

表4-1　我国不同地区农村女性劳动力的数字素养水平总体特征

样本类型	样本量（个）	数字素养指数	数字设备使用素养指数	数字学习素养指数	数字社交素养指数	数字商业素养指数
全样本	5 612	0.424	0.588	0.313	0.493	0.304
东部	1 685	0.464	0.623	0.333	0.537	0.364
中部	2 236	0.421	0.595	0.238	0.540	0.312
西部	988	0.362	0.483	0.461	0.304	0.200
东北部	703	0.426	0.632	0.293	0.499	0.282

分区域来看，在数字素养方面，东部地区的数字素养指数为0.464，高于全样本指数，且在四个地区中最高，表明东部地区的农村女性劳动力数字素养水平有一定的优势。东北部地区的数字素养指数为0.426，仅次于东部地区，位居第二。数字素养指数从高到低排序依次为东部地区>东北地区>中部地区>西部地区。各维度水平方面，东北部和东部地区的数字设备使用素养指数显著高于其他地区，西部地区指数最低。东部和西部地区的农村女性劳动力的数字学习素养指数高于总体水平，引领全国农村女性劳动力的数字素养，各地区水平从高到低排序为西部地区>东部地

区>东北部地区>中部地区。数字社交素养方面，东部地区和中部地区高于其他地区，西部地区的数字社交素养指数最低。数字商业素养方面，东部地区指数最高，中部地区次之，其他地区均未达到均值水平。上述数据表明，农村女性劳动力的数字素养不仅总体存在地区差异，各维度的地区差异也较大，这同近些年我国地区经济发展趋势和地区数字经济发展水平是一致的，地区经济越发达、发展速度越快，农村女性劳动力越善于利用数字设备和数字技术在该地区就业。

4.2.2 农村女性劳动力数字素养代际差异分析

新中国成立至今，“三农”事业取得了令世界瞩目的成就，给农村社会发展和农村居民的生活带来了巨大的改变。这种变化给出生于不同年代的农村居民赋予了不同的成长背景，从而使各代人群之间在价值观、偏好、态度与行为等方面呈现出具有代际差异的群体特征（Lyons，2014），也必然形成了不同年龄段的农村居民的数字素养水平的代际差异。改革开放前，受传统农耕文化的影响，农村家庭中性别分工制度通常表现为“男主外，女主内”的家庭分工模式和“男主女从”的家庭依赖关系（王晶，2008），女性的活动空间局限在家庭的私人领域（许敏敏，2002）。农村女性劳动力长期以农为主，更多从事生儿育女、繁重的家务劳动（李旻，2009）。随着改革开放、城市化和工业化进程加快，农村劳动力市场不断得到发展和完善，农村女性的家庭分工也发生重大转变，大量年轻、有文化的农村女性劳动力走出家庭（金一虹，2001），农村女性劳动力经历了由过去更多地从事家务劳动、农业生产，转变为市场经济体制下参与经济活动的变迁。因此，为了更细致、深入地分析农村女性劳动力的数字素养水平的现实特征，本书分析了农村女性劳动力的数字素养代际差异。

代际差异理论最早由德国学者卡尔·曼海姆提出，该理论认为，当人们同属一个“代”或者“代群”时，会经历相同的社会或历史过程，会被放置于相同的位置，这也将导致其思考和行为模式趋同，但并不意味着价值观完全一致（Wey，2002）。代群划分的标准有多种，传统的研究标准是根据人口学研究中的十年固定时间间隔来划分不同代群，例如我们熟知的“60后”“70后”“80后”以及“90后”等。另外一个标准是根据社会学中具有影响社会环境的重要历史事件来划分不同代群（陈玉明等，2014）。罗尔斯顿等将我国代群分为“共和国创立一代”“社会主义建设一代”“‘文化大革命’一代”和“改革开放一代”（Egri，2004），该划分标准也得到了我国学者的研究与使用。随着城镇化进程的不断推进，关于外出务工人员、流动人口相关问题的研究不断涌现，新生代与非新生代成为代际差异研究较为广泛的划分标准，1980 年成为代际划分的重要转折点。例如，2010 年国家卫生健康委员会将 1980 年以前出生的流动人口划分为“老一代流动人口”，而 1980 年以后出生的流动人口为“新生代流动人口”（国家人口和计划生育委员会，2010）。本书根据出生年份，按照 10 年一个周期的原则进行划分，将全样本划分出“60 后”～“00 后”五个不同代群，其中“60 后”为 1960—1969 年出生的群体，“70 后”为 1970—1979 年出生的群体，“80 后”为 1980—1989 年出生的群体，“90 后”为 1990—1999 年出生的群体，“00 后”为 2000—2009 年出生的群体。各代际群体样本的不同维度数字素养水平特征情况如表 4-2 所示。

表 4-2　不同代际农村女性劳动力群体各维度数字素养水平

样本类型	数字素养指数	数字设备使用素养指数	数字学习素养指数	数字社交素养指数	数字商业素养指数
“60 后”	0.200	0.337	0.135	0.233	0.096
“70 后”	0.389	0.580	0.280	0.456	0.239
“80 后”	0.664	0.856	0.478	0.770	0.552
“90 后”	0.799	0.937	0.670	0.906	0.683
“00 后”	0.875	1.000	0.889	1.000	0.711

由表 4-2 可知，随着出生年代的推移，农村女性劳动力的数字素养标准化指数和数字素养的各维度呈现递增的趋势。从“60 后”到“90 后”，是指数递增阶段，且增幅最大是“70 后”到“80 后”的时代，“00 后”的数字素养标准化指数、数字社交素养、数字娱乐素养和数字商业素养均为最高。可能的原因是：改革开放后，随着我国的互联网经济快速发展和教育水平的提高，农村信息素养教育得到推广。已有研究表明，我国的互联网普及率呈倒 U 形的变化趋势，其中“80 后”互联网普及率最高，为

73.9%，随后逐渐降低（李汪洋，2016）。另有研究表明，年龄和受教育程度因素是导致非网民不上网的重要原因（谢宇，2017）。正处于青年时期的“80后”农村女性是第一批享受改革开放成果的社会群体，她们的青春时期是我国经济建设发展最快、社会结构转型最为激烈、科学技术发展最为迅速、人们思想观念最为解放的时期。改革开放和市场经济及信息化浪潮，使人们的意识形态、思想观念、社会价值观等都发生了翻天覆地的变化。又逢2003年迎来高校“扩招第一代”，2004年中央1号文件主题重回“三农”，智能手机等设备的普及程度越来越高，使用手机上网费用不断降低，互联网的接入程度越来越高。多重利好政策叠加下，“80后”农村女性劳动力受教育程度提高，职业期望高，思想能与时俱进，新技术接受能力和风险偏好相对较强，拥有更远大的理想抱负和成就意识，更加重视自身在事业、能力以及社会地位等方面的成就积累，更充分地利用了数字经济的市场机会，擅长数字设备和数字技术的学习和使用。

特别的是，从“60后”到“00后”，数字学习素养水平持续提高，表明了农村女性终身学习的意愿。其中，“60后”数字学习素养最低，“90后”提高幅度最大，“00后”数字学习素养水平高于其他五个时代的群体。可能的解释是，“60后”农村女性群体的教育禀赋和经济资本普遍偏低，接受新知识的意愿和能力较差，从而使得他们与低龄人口在数字素养和互联网使用等方面出现明显差别，形成了数字技术使用鸿沟（杨菊华，2023）。“90后”出现这一现象的原因是复杂的，可能与农村数字基础设施和互联网服务政策逐步完善有关，也可能是社会经济发展越来越快等方面的原因。另外，随着数字技术的快速发展，“00后”是出生和成长在网络社会的年轻一代，属于典型的“数字原住民”，其适应的程度非常快，因此，与其他四个时代群体比较而言，数字学习素养也更高。通过数字素养分维度的横向比较发现，农村女性劳动力的数字设备使用素养和数字社交素养指数显著高于其他维度，是影响数字素养总体水平的关键指标，表明我国农村女性劳动力数字素养水平偏低，互联网使用率有一定的普及度，但更多的还是数字设备和技术的社交功能。利用数字设备了解种植技术、农学相关知识的程度非常低，且利用数字设备完成交易的可能性也很低，有可能是数字学习资源的识别能力弱和数字交易价格及产品的品质不可靠导致的，表明数字学习素养和数字商业素养有很大的提升空间。

4.2.3 婚姻状况对农村女性劳动力数字素养的影响分析

婚姻是农村女性人生的重要转折点，关乎以后的生活质量和人生轨迹。改革开放以来，随着市场经济发展、人口流动、价值多元化和农民职业分化的加剧，农村女性大量向城市流动，其知识水平、生活观念和婚姻观念，都在经历着一场巨大变革（杨华等，2017）。从资源角度来看，农村女性外出打工使得农村女性知识水平、社会资本和经济收入增加，对于男性的经济依赖程度开始降低，家庭中男性优先使用资源和独占资源的优势局面被打破，女性使用资源、控制资源的能力增强（王玲杰，2009）。离婚和对待婚姻的态度等方面都体现了农村年轻女性婚姻观念的多元化和自我保护化（卢飞等，2018），使得农村女性更加注重自身的独立性和成长性。从家庭经济学角度看，农村女性大部分劳动时间都消耗在无酬劳动中，且生育因素影响了市场劳动参与，从而导致农村女性更多地专注于婚姻和家庭（Dessy 等，2010），降低了使用各种资源的可能性。这就意味着，农村女性数字素养差异可能因婚姻状况的变化而发生改变。因此，为了了解婚姻状况对农村女性劳动力数字素养的影响，本研究从代际出发，统计分析不同出生年代的农村女性劳动力数字素养的水平（表 4－3）。

表 4－3　不同婚姻状况下农村女性劳动力各维度数字素养水平

样本类型	婚姻状况	数字素养指数	数字设备使用素养指数	数字学习素养指数	数字社交素养指数	数字商业素养指数
“60 后”	未婚	0.190	0.310	0.119	0.238	0.095
	已婚	0.200	0.338	0.139	0.233	0.096
“70 后”	未婚	0.361	0.511	0.244	0.422	0.267
	已婚	0.390	0.583	0.281	0.457	0.237
“80 后”	未婚	0.758	0.984	0.492	0.918	0.639
	已婚	0.659	0.850	0.478	0.762	0.547
“90 后”	未婚	0.846	0.980	0.709	0.940	0.755
	已婚	0.757	0.898	0.637	0.875	0.619

（续）

样本类型	婚姻状况	数字素养指数	数字设备使用素养指数	数字学习素养指数	数字社交素养指数	数字商业素养指数
“00后”	未婚	0.875	1.000	0.875	1.000	0.625
	已婚	0.875	1.000	1.000	1.000	0.675

表4-3显示，在数字素养指数方面，随着出生年代的推移，数字素养指数总体上呈现增加趋势。已婚和未婚农村女性的数字素养指数呈现先小幅提高，再以超10%比例下降，而后又保持稳定的波浪趋势。其中从“60后”到“70后”，已婚群体的数字素养指数均有小幅提高。而从“80后”开始到“90后”，农村女性数字素养指数已婚比未婚的降低，“80后”降低幅度最大。“00后”则保持相对稳定水平。可能的原因是，“70后”农村女性中，一部分有一定文化程度的个体学习新技术能力和社会融入能力更强，从而有利于数字素养的提高。“80后”和“90后”已婚群体是家庭和工作的主力军，占据了更多的闲余时间，一定程度上降低了数字素养指数。“00后”是完全的网络居民，数字素养禀赋更高。在数字设备使用方面，随着出生年代的推移，数字设备使用素养指数总体上呈现增加趋势。已婚群体的数字设备使用素养指数在“60后”到“70后”间比未婚群体更高，其中“70后”已婚群体增幅更高。而从“80后”开始到“90后”，农村女性数字设备使用素养水平已婚比未婚的低，“80后”降幅最大，“00后”则保持相对稳定水平。在数字学习素养方面，随着出生年代的推移，数字学习素养指数总体上呈现增加趋势。已婚群体的数字学习素养指数在“60后”到“70后”间比未婚群体更高，其中“70后”已婚群体增幅更高。而从“80后”开始到“90后”，农村女性数字学习素养水平已婚比未婚的低，“90后”降幅最大，“00后”则保持上升趋势。在数字社交素养方面，随着出生年代的推移，数字社交素养指数总体上呈现增加趋势。已婚群体的数字社交素养指数在“70后”间比未婚群体更高，而“60后”“80后”“90后”中，农村女性已婚群体的数字社交素养指数比未婚的低，“90后”降幅最大，“00后”则保持上升趋势。在数字商业素养方面，随着出生年代的推移，数字商业素养指数总体上呈现增加趋势。“60后”

“00后”的已婚群体的数字商业素养指数比未婚群体更高，其中“00后”已婚群体增幅更高。而“70后”“80后”“90后”已婚农村女性的数字商业素养指数比未婚的低，“90后”降幅最大。总体来看，随着出生年代的推移，农村女性的数字素养及各维度都是增加趋势，婚姻差异较为明显，其中差异转换大部分集中在“80后”和“90后”。

4.3 农村女性劳动力劳动参与特征分析

4.3.1 农村女性劳动力劳动参与分布特征

以经济区划作为区域划分依据，本书分析了农村女性市场劳动参与分布情况，包括是否参与市场劳动和劳动参与性质。首先，根据CFPS的定义，市场劳动参与指目前有工作，或退出劳动力市场为在失业的前提下，或过去一个月没有找过工作或两周内无法开始工作的情况。有参与工作时取值为1，退出劳动力市场时取值为0，为布尔型变量。其次，根据CFPS问卷，农村女性劳动参与可分为非农就业和农业劳动参与，故本研究还使用“您的这份工作是农业工作还是非农工作?”作为劳动参与性质的度量，非农就业赋值为1，农业参与则赋值为0。

表4-4展示了全国范围内和不同地区农村女性劳动参与的分布情况。总体上，农村女性样本的市场劳动参与率为84.53%，其中，非农就业参与率为48.92%，这一比例与2022年我国女性的就业率较为接近，说明我国目前农村女性劳动力转移依然是以非农转移为主，其就业权益保障和就业质量值得关注。

劳动参与率和非农就业率在不同地区存在明显的分布差异。在农村女性劳动参与方面，中部地区包括江西、湖南、湖北、安徽、河南和山西六省在内的劳动参与率最高，达到86.72%，东北部地区紧随其后，达到86.49%。劳动参与率由高到低的顺序为中部地区、东北部地区、西部地区和东部地区。这一结果与2022年外出务工人员监测调查报告调查的结果一致。在非农就业方面，中部地区的非农就业率最高，比例为50.23%，东部地区次之，非农就业率由高到低的顺序为中部地区、东部地区、西部地区和东北部地区。这与中部地区为我国务工输出主要地区的分析结论一致，这可能与地区间经济发展不均衡和制度环境有关。经济越不均衡、发展速度越慢的地区，农村劳动力越倾向于选择非农就业，转移至机会丰富、公共服务更好的地区进行工作和生产生活。

表 4-4 农村女性劳动参与地区分布

样本类型	劳动参与			非农就业		
	频数（个）	占比（%）	总样本量（个）	频数（个）	占比（%）	样本量（个）
全样本	4 744	84.53	5 612	2 320	48.92	4 744
东部地区	1 357	80.53	1 685	666	49.07	1 357
中部地区	1 939	86.72	2 236	974	50.23	1 939
西部地区	840	85.02	988	392	46.75	840
东北地区	608	86.49	703	288	47.36	608

从年龄方面来看（表 4-5），在劳动参与方面，“70 后”“80 后”“90 后”的农村女性劳动力是主力军，参与率都很高。“80 后”参与率最高，达到 88.49%，其次是“70 后”，后面依次是“90 后” “60 后” 和“00 后”。这种规律体现了农村女性的生命周期性特点，“80 后”农村女性是家庭的主力军，也正是上有老、下有小，家庭照料和抚育负担最大的时候，劳动参与是家庭获取收入的重要来源。因此，“80 后”农村女性劳动参与率非常高。在非农就业方面，“00 后”的非农就业率最高，达到 100%，说明“00 后”农村女性极少从事农业，与农业“老龄化”和“女性化”的研究结论一致。非农就业率由高到低的顺序为“00 后”“80 后”“90 后”“60 后”“70 后”，表明随着年龄的增加，非农就业率出现先增加后下降的现象，这体现了年龄平方项与非农就业之间的 U 形关系，与已有的研究结论相一致。

从受教育程度来看（表 4-6），劳动参与方面，受教育程度为小学的农村女性劳动参与程度最高，占 94.04%，其次是大专或大学本科及以上，人数占比为 91.86%。受教育程度为初中和高中、中专、职高的群体劳动参与比例旗鼓相当，均达到 85%以上，劳动参与率最低的是小学以下受教育程度群体。在非农就业方面，大专或大学本科及以上群体的非农就业率最高，达到 89.21%，其余群体非农就业率由高到低的顺序依次是高中、中专、职高，初中，小学和小学以下。表明教育是农村女性市场劳动参与的重要约束，小学以下受教育程度的农村女性劳动力较多留守农村。这与农村女性劳动力人力资本低、性别工资差异、文化贫困等相关研究结论趋于一致。

表 4-5 农村女性劳动参与代际分布

样本类型	劳动参与			非农就业		
	频数（个）	占比（%）	样本量（个）	频数（个）	占比（%）	样本量（个）
“60后”	1 836	81.51	2 252	894	48.69	1 836
“70后”	1 366	86.85	1 576	610	44.66	1 366
“80后”	925	88.49	1 046	498	53.76	925
“90后”	605	84.03	720	306	50.62	605
“00后”	12	66.67	18	12	100.00	12

表 4-6 农村女性劳动参与受教育程度分布

样本类型	劳动参与			非农就业		
	频数（个）	占比（%）	样本量（个）	频数（个）	占比（%）	样本量（个）
小学以下	1 713	76.07	2 253	685	45.83	1 713
小学	1 104	94.04	1 174	417	46.83	1 104
初中	1 082	86.70	1 248	490	54.53	1 082
高中、中专、职高	326	87.63	372	265	81.28	326
大专或大学本科及以上	519	91.86	565	463	89.21	519

家庭结构是家庭社会学研究中的重要概念。常见的是通过血缘代际传递的方式区分不同的家庭结构，分为一代家庭、二代家庭、三代家庭甚至四代家庭。其中一代家庭是指由父母与未婚子女组成的家庭，二代家庭是指一对夫妻带孩子组成的家庭，三代家庭则是指由祖父母（外祖父母）、父母、自己这三代直系亲属构成的家庭。

从家庭结构类型来看（表 4-7），在劳动参与率方面，三代及以上家庭的参与率显著高于二代家庭和一代家庭，比例达 94.17%，一代家庭次之，最低的则是二代家庭。在非农就业方面，三代及以上家庭的非农就业率也是最高的，占比为64.70%，二代家庭次之，一代家庭非农就业率最低。可能的原因是三代及以上家庭中的长辈给予了农村女性家务分担和隔代照料支持，这与子女抚育数量效应、母职惩罚①等相关研究的结论不谋而合。

表4-7 农村女性劳动参与家庭结构分布

样本类型	劳动参与			非农就业		
	频数（个）	占比（%）	样本量（个）	频数（个）	占比（%）	样本量（个）
一代家庭	1 200	83.68	1 434	484	40.33	1 200
二代家庭	2 462	81.28	3 029	1 136	46.14	2 462
三代及以上家庭	1 082	94.17	1 149	700	64.70	1 082

4.3.2 数字素养分组下农村女性劳动力劳动参与特征

以数字素养指数平均值为分界线，将农村女性劳动力的数字素养分为数字素养高组和数字素养低组，分析不同分组情况下，农村女性劳动力的劳动参与及非农就业的差异。根据前文概念界定，数字素养由数字设备使用素养、数字学习素养、数字社交素养和数字商业素养构成，将四个指标进行拟合处理，得到数字素养的代理指标。表4-8展示了农村女性劳动力劳动参与和非农就业在高数字素养和低数字素养分组下的统计结果。由表4-8可知，高数字素养组的劳动参与率和非农就业率都较高，比例分别为61.45%和61.81%，低数字素养组劳动参与率和非农就业率仅为38.55%和38.19%，T检验结果显示，两者之间存在显著的相关关系，表明数字素养与劳动参与之间可能存在正相关关系。

① 母职惩罚是社会学家创造的一个术语，指的是在工作场所，职场妈妈在薪酬、认可度、福利方面相对于未生育的女性会遇到的一些劣势。在中文语境中更倾向于指女性因生育而遭受的物理上的疼痛疾病和心理创伤。

表 4-8 农村女性劳动参与和数字素养分组分布

样本类型	高数字素养			低数字素养			T 值
	频数（个）	占比（%）	样本量（个）	频数（个）	占比（%）	样本量（个）	
劳动参与	2 915	61.45	4 744	1 829	38.55	4 744	0.000
非农就业	1 434	61.81	2 320	886	38.19	2 320	0.000

由于数字素养由多维度因素构成，本研究对各维度分别进行了探讨。表 4-9 是数字素养不同维度与农村女性劳动力劳动参与和非农就业的分布结果。由表 4-9 可知，在劳动参与方面，参与市场劳动的农村女性的数字素养各维度指数的平均值明显高于未参与劳动的农村女性的值，其中，数字设备使用素养相差最大。在非农就业方面，参与非农就业的农村女性的各维度数字素养指数均值高于未非农就业的农村女性的值，其中，数字商业素养指数相差最为悬殊。上述结果表明，数字素养及各维度因素与农村女性的劳动参与和非农就业之间存在一定的关系，体现了数字素养与农村女性劳动参与之间可能的正相关性。

表 4-9 农村女性劳动参与和数字素养各维度分布

样本类型	数字素养指数	数字设备使用素养指数	数字学习素养指数	数字社交素养指数	数字商业素养指数	样本量（个）
劳动参与	0.457	0.634	0.341	0.528	0.325	4 744
未劳动参与	0.244	0.336	0.156	0.296	0.188	868
非农就业	0.471	0.630	0.347	0.546	0.361	3 744
未非农就业	0.330	0.504	0.243	0.384	0.191	1 000

4.4 农村女性劳动力就业选择特征分析

4.4.1 农村女性劳动力就业选择分布特征

本书分析了农村女性就业选择分布情况，包括就业类型选择、就业地区选择和就业行业选择。首先，根据 CFPS 问卷，农村女性就业类型通过

"是否受雇"度量，即受访者的就业类型为"非农受雇"定义为受雇，赋值为1，而把就业类型为"个体/私营/其他自雇"定义为自雇，赋值为0。就业地通过"是否外出就业"度量，使用"这份工作的地点是?"这一题项识别，将当前居住在村（居）、当前居住在乡（镇、街道）的其他村（居）和当前居住在县（市）的其他乡（镇、街道）的就业人员归为本地就业，将当前居住在市（区）的其他县（市）、当前居住在本省份的其他市（区）、境内的其他省份和境外（含港、澳、台）地区的就业人员界定为非本地就业，外出就业赋值1，否则为0。就业行业选择通过"是否在服务业就业"度量，使用"这份工作主要是做什么的?"这一题项识别，是服务业就业赋值1，其他则赋值为0。

表4-10展示了全国范围内和不同地区农村女性就业选择的具体分布。总体上看，农村女性劳动力受雇比例为73.69%，本地就业比例为77.29%，服务业就业比例为56.89%。这些结果可能与近年数字经济发展及发展速度和政府鼓励返乡就地、就近就业的政策有密切关系。

表4-10 农村女性劳动力就业选择地区分布

样本类型	受雇就业			本地就业			服务业就业		
	频数（个）	占比（%）	样本量（个）	频数（个）	占比（%）	样本量（个）	频数（个）	占比（%）	样本量（个）
全样本	1 048	73.69	1 422	1 099	77.29	1 422	809	56.89	1 422
东部地区	419	68.69	610	491	80.49	610	313	51.31	610
中部地区	383	79.79	480	366	76.25	480	296	61.67	480
西部地区	143	91.67	156	110	70.51	156	116	74.36	156
东北地区	103	58.52	176	132	75.00	176	84	47.73	176

农村女性劳动力就业选择在不同地区存在明显的分布差异。农村女性劳动力受雇就业方面，内蒙古、广西、重庆、四川等西部12省（区、市）的受雇比例最高，达到91.67%，中部地区紧随其后，比例达79.79%。其余地区按受雇比例由高到低排序依次为东部地区和东北部地区。在本地就业选择方面，东部地区的农村女性劳动力选择本地就业比例最高，为80.49%，中部地区次之，东北部再次之，西部地区本地就业比例最低。

在服务业就业选择方面，西部地区的农村女性劳动力服务业就业比例最高，为74.36%，东北地区这一比例最低，仅为47.73%。以上结果可能与各地区的经济发展情况有关，就业机会和报酬优势是影响就业选择的主要原因，表明我国地区之间经济发展水平存在差异。

从受教育程度来看（表4-11），就业类型选择方面，受教育程度为高中、中专、职高的农村女性劳动力受雇比例最高，占90.12%，其次是初中，人数占比为79.88%。受教育程度为小学和大专或大学本科及以上的群体受雇比例接近，在70%左右，受雇选择率最低的是小学以下受教育程度群体，仅为34.88%。在就业地选择方面，小学以下受教育程度的农村女性劳动力本地就业率最高，达到89.53%，本地就业率最低的是受教育程度为大专或大学本科及以上的群体，仅为57.61%，其余的顺序依次是小学、初中和高中、中专、职高。在就业行业选择方面，受教育程度为高中、中专、职高的群体选择服务业就业比例为66.51%，而受教育程度为大专或大学本科及以上的群体次之，为32.56%。以上结果表明了教育作为就业选择资本的重要性。虽然农村劳动力的受教育水平不断提升，但面对就业机会少带来的“学历贬值”和“就业难”等现象和农村劳动力的社会、经济保障权益的缺失，年轻、学历较高、未婚的农村女性倾向于在更大空间范围的大城市就业，倾向于在作息时间富有弹性、劳动强度偏低的服务业就业。

表4-11　农村女性劳动力就业选择与受教育程度分布

样本类型	受雇就业			本地就业			就业行业		
	频数（个）	占比（%）	样本量（个）	频数（个）	占比（%）	样本量（个）	频数（个）	占比（%）	样本量（个）
小学以下	60	34.88	172	154	89.53	172	56	32.56	172
小学	155	70.14	221	187	84.62	221	92	41.63	221
初中	270	79.88	338	271	80.18	338	203	60.06	338
高中、中专、职高	374	90.12	415	328	79.04	415	276	66.51	415
大专或大学本科及以上	189	68.48	276	159	57.61	276	182	65.94	276

从家庭结构类型来看（表4 12），在就业类型选择方面，三代及以上家庭的受雇率显著高于二代家庭和一代家庭，比例高达84.36%，二代核心家庭次之，最低的则是一代家庭。在就业地区选择方面，三代及以上家庭的本地就业率也是最高，人数占比为78.67%，一代家庭次之，二代家庭本地就业率最低。在就业行业选择方面，三代及以上家庭服务业就业率略高于其他家庭类型。可能的原因是三代及以上家庭中的老龄照料占据了农村女性的时间和精力，这与老龄照料、家务劳动对农村老年女性劳动力的抑制作用的相关研究结论一致。

表4-12 农村女性劳动力就业选择与家庭结构分布

样本类型	受雇就业			本地就业			就业行业		
	频数（个）	占比（%）	样本量（个）	频数（个）	占比（%）	样本量（个）	频数（个）	占比（%）	样本量（个）
一代家庭	196	63.84	307	237	77.20	307	173	56.35	307
二代家庭	674	74.56	904	696	76.99	904	512	56.64	904
三代及以上家庭	178	84.36	211	166	78.67	211	124	58.77	211

4.4.2 数字素养分组下农村女性劳动力就业选择分布特征

表4-13展示了不同数字素养分组下，农村女性劳动力就业选择的差异。由表4-13可知，在就业类型选择方面，高数字素养组的受雇比例明显更高，比例达79.45%，而低数字素养组的比例则为60.82%，且T检验结果显著，初步体现了数字素养与就业类型选择之间可能存在的关系。在就业地区选择方面，低数字素养组的农村女性劳动力的本地就业比例明显高于高数字素养组，比例达86.79%。表明数字素养越高，本地就业的比例越低，T检验结果表明，数字素养与就业地区选择之间可能存在相关关系。在就业行业选择方面，高数字素养组的服务业就业比例为65.31%，显著高于低数字素养组的38.04%。且T检验都在1%的水平上显著，初步体现出数字素养与就业行业选择之间的关系。

表 4－13　农村女性劳动力就业选择与数字素养分组分布

样本类型	高数字素养			低数字素养			T 值
	频数（个）	占比（%）	样本量（个）	频数（个）	占比（%）	样本量（个）	
受雇就业	781	79.45	983	267	60.82	439	0.000
本地就业	718	73.04	983	381	86.79	439	0.000
服务业就业	642	65.31	983	167	38.04	439	0.000

本研究对数字素养各维度对农村女性劳动力的就业选择分别进行了探讨。表 4－14 是数字素养不同维度与农村女性劳动力就业选择的分布结果。由表 4－14 可知，在就业类型选择方面，总体上，受雇就业的数字素养指数平均值要高于自雇就业类型。分维度看，受雇型农村女性的数字素养各维度的指数平均值均明显高于自雇型农村女性，其中，数字社交素养指数相差最大，初步表明了数字社交素养对农村女性劳动力就业类型的影响。在就业地区选择方面，外地就业的农村女性的各维度数字素养指数均值都高于本地就业的农村女性数字素养指数均值，其中，数字学习素养指数相差最为悬殊，初步表明了数字学习素养对就业地选择的关键影响。在就业行业选择方面，总体上，服务业就业的农村女性劳动力数字素养指数高于第一产业和第二产业就业的农村女性数字素养指数，说明数字素养利于提高农村女性在服务业就业的概率。分维度分析发现，数字商业素养指数的平均值相差最大。上述结果表明，数字素养及各维度与农村女性的就业选择存在不同的关系，其中，数字素养对受雇型就业和服务业就业可能存在正相关关系，而对本地就业的选择可能存在负相关关系。

表 4－14　农村女性劳动力就业选择与数字素养分维度分布

样本类型	数字素养指数	数字设备使用素养指数	数字学习素养指数	数字社交素养指数	数字商业素养指数	样本量（个）
受雇	0.742	0.948	0.564	0.835	0.621	1 048
自雇	0.546	0.781	0.420	0.532	0.452	374
本地就业	0.652	0.888	0.462	0.722	0.534	1 099

（续）

样本类型	数字素养指数	数字设备使用素养指数	数字学习素养指数	数字社交素养指数	数字商业素养指数	样本量（个）
外地就业	0.824	0.960	0.743	0.870	0.721	323
服务业	0.762	0.952	0.583	0.843	0.669	809
非服务业	0.597	0.842	0.450	0.639	0.455	613

4.5 农村女性劳动力客观就业质量特征分析

4.5.1 农村女性劳动力客观就业质量分布特征

基于2018年和2020年中国家庭追踪调查数据（CFPS），本书分析了农村女性客观就业质量的分布情况。首先，采用工作收入、工作强度、工作稳定性和工作保障四个维度衡量农村女性劳动力客观就业质量，由这四个维度构成客观就业质量综合指数，数据标准化处理后，就业质量指数的取值范围为0～1。具体来说，根据CFPS问卷，农村女性的工作收入通过对月工资收入取对数进行测度，使用“这份工作平均每个月工资有多少钱?”这一题项识别。工作强度采用周工作小时数进行测度，使用“这份工作一般每周工作多少个小时?”这一题项识别，由于工作强度与就业质量成负相关关系，所以处理工作强度指标时需进行反向处理。工作稳定性采用是否签订劳动合同来测度，使用“在这份工作中是否签订了合同?”这一题项识别。工作保障采用参加基本养老保险、基本医疗保险、失业保险、工伤保险、生育保险来测度，使用“这份工作提供哪些保险?”这一题项识别，参与任何一项及以上保险，赋值1，否则赋值0。

表4-15展示了全国范围内和不同地区农村女性客观就业质量的具体分布。总体上看，农村女性劳动力客观就业质量指数均值为0.426，工作收入指数均值为0.134，工作强度指数均值为0.520，工作保障指数均值为0.486，工作稳定性指数均值为0.367，可以发现，客观就业质量指数、工作收入指数、工作保障指数和工作稳定性指数均低于中间值0.500，而工作强度指数的均值高于中间值0.500。这些结果表明，当前农村女性的

工作质量偏低，体现在缺乏权益保障，收入偏低，工作强度大等方面，可能与农村女性受教育程度和技术发展有关。特别值得一提的是，正向指标中，工作保障指数的均值最高，体现了我国就业保障制度的推广成效。

农村女性劳动力就业质量指数在不同地区存在分布差异。包括北京、上海、浙江、广东等在内的东部地区的农村女性就业质量指数相对最高，为0.449。东北地区的就业质量指数次之，中部地区再次之。而内蒙古、广西、重庆、四川等西部12省（区、市）的就业质量指数最低，仅为0.398。在工作收入方面，东部地区的农村女性劳动力收入指数均值最高，为0.148，超过了总体样本的均值，说明东部地区就业质量具有优越性。中部地区和西部地区的工作收入指数均值并列最低。在工作强度方面，东部地区的工作强度指数最高，为0.532，超过了总体样本的均值。中部地区的工作强度指数最低。但对比来看，工作强度在地区间的差异不大。在工作保障方面，东北地区的农村女性劳动力工作保障指数均值最高，均值为0.534，大大超过了总体样本的均值，而西部地区的均值最低。在工作稳定性方面，东部地区的工作稳定性指数最高，均值为0.397，后面依次是中部地区和西部地区，东北地区的工作稳定性指数最低。以上结果除了与经济环境有关，可能还与农村女性就业资本和宏观政策有关。

表4-15　农村女性劳动力客观就业质量地区分布

样本类型	就业质量指数	工作收入指数	工作强度指数	工作保障指数	工作稳定性指数	样本量（个）
全样本	0.426	0.134	0.520	0.486	0.367	1 422
东部地区	0.449	0.148	0.532	0.525	0.397	610
中部地区	0.410	0.124	0.502	0.450	0.368	480
西部地区	0.398	0.124	0.526	0.391	0.358	156
东北地区	0.424	0.126	0.520	0.534	0.344	176

从受教育程度来看（表4-16）。客观就业质量指数方面，受教育程度为大专或大学本科及以上的农村女性劳动力客观就业质量指数最高，为0.599，其次则是高中、中专、职高，从由高到低的次序来看，客观就业质量指数与受教育程度的变化趋势一致。工作收入、工作强度和工作保障

及工作稳定性也与受教育程度正相关，表明农村女性劳动力的受教育程度越高，客观就业质量越高，客观就业质量的各维度指数也越高。可能是因为受教育程度越低的农村女性群体，对就业的期望越低，导致客观就业质量偏低。而受教育程度越高，其可塑性更强，接受新事物、新技术的能力越强，对于客观就业质量的影响具有更高的边际效应。

表 4-16 农村女性劳动力客观就业质量与受教育程度分布

样本类型	就业质量指数	工作收入指数	工作强度指数	工作保障指数	工作稳定性指数	样本量（个）
小学以下	0.272	0.067	0.460	0.234	0.301	261
小学	0.277	0.075	0.446	0.231	0.321	121
初中	0.371	0.133	0.490	0.385	0.342	390
高中、中专、职高	0.475	0.165	0.542	0.536	0.411	250
大专或大学本科及以上	0.599	0.178	0.597	0.795	0.462	400

从家庭结构类型来看（表 4-17），三代及以上家庭的客观就业质量水平显著高于二代家庭和一代家庭，指数均值为 0.612，一代家庭次之，最低的则是二代家庭，客观就业质量指数均值为 0.399。在工作收入方面，三代及以上家庭的工作收入指数均值也是最高，为 0.239，一代家庭次之，二代家庭工作收入指数最低，仅为 0.119。在工作保障及工作稳定性方面，三代及以上家庭的农村女性劳动力的这两个指标的指数平均值均高于其他家庭类型。工作强度指数是反向指标，所以，由表 4-17 可以看出，工作强度指数也是三代及以上家庭最高。以上结果表明，目前农村女性劳动力的客观就业质量可能与家庭结构存在一定的关系。

表 4-17 农村女性劳动力客观就业质量与家庭结构分布

样本类型	就业质量指数	工作收入指数	工作强度指数	工作保障指数	工作稳定性指数	样本量（个）
一代家庭	0.424	0.131	0.507	0.486	0.361	331
二代家庭	0.399	0.119	0.512	0.441	0.315	945
三代及以上家庭	0.612	0.239	0.600	0.773	0.416	146

4.5.2 数字素养分组下农村女性劳动力客观就业质量特征

表4－18展示了不同数字素养分组下，农村女性劳动力客观就业质量的差异。由表4－18可知，在客观就业质量方面，高数字素养组的客观就业质量指数明显更高，平均值为0.493，而低数字素养组的均值为0.297，且T检验结果显著，初步体现了数字素养与客观就业质量之间可能存在的正相关关系。由表4－18可知，在工作收入、工作保障、工作强度及工作稳定性方面，高数字素养组指数的均值都显著高于低数字素养组，都通过了T检验，表明高低组间的差异是显著存在的。以上结果表明，数字素养与客观就业质量之间的可能存在正相关关系。

表4－18　农村女性劳动力客观就业质量与数字素养分组分布

样本类型	样本总体	高数字素养	低数字素养	*T*值
就业质量指数	0.426	0.493	0.297	0.001
工作收入指数	0.134	0.163	0.078	0.000
工作强度指数	0.520	0.548	0.464	0.015
工作保障指数	0.486	0.588	0.285	0.003
工作稳定性指数	0.367	0.672	0.362	0.000
样本量（个）	1 422	944	478	

本研究对数字素养各维度对农村女性劳动力客观就业质量的影响分别进行了探讨。表4－19是数字素养不同维度与农村女性劳动力客观就业质量的分布结果。由表4－19可知，客观就业质量高的农村女性劳动力的数字素养指数平均值远高于客观就业质量低的农村女性。分维度看，客观就业质量高的农村女性的数字素养各维度指数的平均值均明显高于客观就业质量低的农村女性，其中，数字商业素养指数相差最大，初步表明数字商业素养对农村女性劳动力客观就业质量的影响力。在工作收入方面，工作收入高的农村女性劳动力的数字素养指数显著高于工作收入低的农村女性，数字学习素养指数、数字社交素养指数和数字商业素养指数相差都很大，表明数字素养可能对工作收入有重大影响。在工作强度方面，工作强度大的农村女性的数字素养更高，分维度来看，工作强度与数字设备使用

素养和数字学习素养及数字社交素养呈正相关关系，即农村女性工作强度越高，数字设备使用素养指数、数字学习素养指数及数字社交素养指数也越高。而工作强度越大的农村女性数字商业素养指数越低。在工作保障方面，有工作保障的农村女性相比于没有工作保障的农村女性数字素养指数及各维度指数都更高，其中数字社交素养指数的差距最大。在工作稳定性方面，总体上，工作越稳定的农村女性数字素养指数也越高。分维度来看，工作稳定性高的农村女性劳动力数字设备使用素养指数、数字学习素养指数和数字商业素养指数均更高。而数字社交素养略有差异，表现为工作稳定性低的农村女性数字社交素养指数更高。上述结果表明，数字素养及各维度与农村女性的客观就业质量存在不同的关系，影响各异。

表 4-19　农村女性劳动力客观就业质量与数字素养分维度分布

样本类型	数字素养指数	数字设备使用素养指数	数字学习素养指数	数字社交素养指数	数字商业素养指数	样本量（个）
就业质量高	0.808	0.964	0.646	0.888	0.731	700
就业质量低	0.552	0.842	0.366	0.614	0.386	722
工作收入高	0.863	0.996	0.677	0.965	0.814	511
工作收入低	0.574	0.850	0.406	0.628	0.411	911
工作强度大	0.775	0.940	0.620	0.839	0.699	790
工作强度小	0.556	0.854	0.358	0.636	0.853	632
有工作保障	0.791	0.958	0.606	0.879	0.718	691
没有工作保障	0.571	0.850	0.406	0.406	0.625	731
工作稳定性高	0.774	0.950	0.605	0.605	0.689	807
工作稳定性低	0.551	0.839	0.371	0.613	0.380	615

4.6　农村女性劳动力主观就业质量特征分析

4.6.1　农村女性劳动力主观就业质量分布特征

基于 2018 年和 2020 年中国家庭追踪调查数据（CFPS），本书分析了农村女性主观就业质量的分布情况。首先，采用个体对工作的整体满意度衡量农村女性劳动力主观就业质量，从不满意到满意，取值范围为 1～5。

具体来说，根据CFPS问卷，农村女性的工作满意度使用“这份工作总的来说，您有多满意?”这一题项识别。

表4-20展示了不同范围内和不同地区农村女性主观就业质量的具体分布。总体上看，农村女性劳动力主观就业质量指数均值为3.639，高于五等级的中间值3，表明当前农村女性对工作的整体满意度水平较高。可能与农村女性受教育程度、未来的期望及工作比较的参照对象有关。由于农村女性受教育程度不高，对工作的期望也较低，且通常与周边人群的工作进行比较，较容易获得工作上的满足感。

表4-20 农村女性劳动力主观就业质量地区分布

样本类型	主观就业质量指数	非常满意		比较满意		满意		不太满意		非常不满意	
		频数（个）	占比（%）	频数（个）	占比（%）	频数（个）	占比（%）	频数（个）	占比（%）	频数（个）	占比（%）
全样本	3.639	147	10.38	758	53.31	285	20.04	118	8.30	114	8.02
东部地区	3.479	53	8.67	325	53.28	128	20.98	51	8.36	53	8.69
中部地区	3.581	45	9.38	262	54.58	89	18.54	47	9.79	37	7.71
西部地区	3.694	16	10.26	79	50.64	37	23.72	14	8.97	10	6.41
东北地区	3.805	33	18.75	92	52.27	31	17.61	6	3.41	14	7.95

农村女性劳动力主观就业质量在不同地区存在分布差异。东部、中部和西部地区的农村女性劳动力主观就业质量指数几乎一致，其中东部地区和中部地区略低于总体水平，而西部地区和东北地区高于总体水平，东北地区主观就业质量指数最高，为3.805。以上结果除了与经济环境、经济制度和主观思想等有关，可能还与农村女性的就业选择有关。不同的就业类型、不同的就业行业及不同的就业地区有不同的主观感受。

从满意度的等级来看，全样本中，占比最高的是比较满意的水平，比例达53.31%。非常满意的人数占比仅为10.38%。表明农村女性主观就业质量还有许多提升的空间。所有地区中，比较满意这一等级占比都是最高的，均超过了50%的水平，中部地区比较满意比例最高，达54.58%。在非常满意这一等级上，东北地区的比例最高；在满意这一等级上，西部地区的比例最高；不太满意这一等级上，中部地区的比例最高；而非常不满意这一等级上，东部地区的比例最高。总体上，各等级地区差异明显。应更多关注非常不满意和不太满意的群体。

从受教育程度来看（表 4-21），受教育程度为大专或大学本科及以上的农村女性劳动力主观就业质量最高，为 3.825，远高于中间值水平，其次则是受教育程度为高中、中专、职高的农村女性，从由高到低的次序来看，主观就业质量与受教育程度的变化趋势一致，即受教育程度越高，主观就业质量指数越高，表明受教育程度与主观就业质量之间呈正相关关系。从满意度各等级来看，受教育程度为小学以下群体非常不满意占比最高，达 30.27%，其次则是受教育程度为小学的群体。从受教育程度为初中及以上开始，非常不满意人群占比显著降低，占比最高的等级均为比较满意的水平，初步体现了受教育程度对农村女性劳动力的主观就业质量影响的学历边界。

表 4-21 农村女性劳动力主观就业质量受教育程度分布

样本类型	主观就业质量指数	非常满意		比较满意		满意		不太满意		非常不满意	
		频数（个）	占比（%）	频数（个）	占比（%）	频数（个）	占比（%）	频数（个）	占比（%）	频数（个）	占比（%）
小学以下	2.724	17	6.51	78	29.89	61	23.37	26	9.96	79	30.27
小学	2.769	13	10.74	28	23.14	33	27.27	12	9.92	35	28.93
初中	3.695	44	11.28	187	47.95	87	22.31	38	9.74	34	8.72
高中、中专、职高	3.820	32	12.80	131	52.40	39	15.60	19	7.60	29	11.60
大专或大学本科及以上	3.825	41	10.25	251	62.75	65	16.25	20	5.00	23	5.75

从家庭结构类型来看（表 4-22），三代及以上家庭的主观就业质量指数显著高于二代家庭和一代家庭，指数均值为 3.729，高于中间值，二代家庭次之，最低的则是一代家庭，主观就业质量指数均值为 3.426，低于总体 3.496 的平均水平，表明家庭结构与主观就业质量之间存在关联性。可能的原因是，农村三代及以上家庭的女性劳动力，可能从长辈处获得家务分担、子女照料等支持，缓解了就业与家庭的冲突，提高了农村女性外出就业的可能性和自信心，进而提高了主观就业质量满意度水平。三

种家庭结构横向比较来看，主观就业质量满意度主要集中在比较满意的水平，其中二代家庭比较满意这一水平占比最高，达 58.88%。非常满意水平上，三代及以上家庭占比最高，非常不满意水平上，一代家庭占比最高，表明家庭对家庭成员主观就业质量存在影响。总体来看，一代家庭的样本数量占比不低，这与 2020 年第七次人口普查的结果一致，一代家庭越来越多，表明我国农村家庭结构较以前发生了较大的变化。这不仅与经济快速发展有关，还与人口流动性增加、人们的生活节奏加快、生活自主性提高等有关。更要关注的是，晚婚晚育、未婚未育、已婚未育等人群相对较多，从而表现出对农村女性主观就业质量的影响。

表 4-22　农村女性劳动力主观就业质量与家庭结构分布

样本类型	主观就业质量指数	非常满意		比较满意		满意		不太满意		非常不满意	
		频数（个）	占比（%）	频数（个）	占比（%）	频数（个）	占比（%）	频数（个）	占比（%）	频数（个）	占比（%）
一代家庭	3.426	40	11.53	176	50.72	63	18.16	28	7.45	40	11.53
二代家庭	3.498	76	8.65	500	58.88	191	21.73	60	6.83	52	5.92
三代及以上家庭	3.729	31	15.82	82	41.84	31	15.82	30	15.31	22	11.22

4.6.2　不同就业选择下农村女性劳动力主观就业质量特征

工作满意是个体对工作的主观感受，受较多因素的影响，而工作本身是关键因素。本书在农村女性劳动力就业选择基础上，分析了不同就业选择情况下，农村女性劳动力主观就业质量的情况。表 4-23 展示了就业选择与主观就业质量的比较结果。首先，从就业类型选择来看，受雇就业的主观就业质量指数均值为 3.537，高于自雇就业主观就业质量指数均值，也高于主观就业质量指数总体均值。说明就业类型可能与主观就业质量有关联。可能是因为农村女性劳动力自雇经济风险太大，而且缺乏对市场的认知，收入和保障不稳定，不如受雇相对稳定且有安全感。从就业所在地选择来看，外出就业的农村女性主观就业质量指数更高，远超过了均值和平均水平。可能的原因是，外出就业既能增加就业选择机会，又能获得稳定的收入来源，还能增长见识，拓宽农村女性的社会交际圈，提高了工作安全感，也提高了生活舒适度。从就业行业选择来看，服务业就业群体的主观就业质量指数更高，均值为 3.607。可能是因为与第一产业、第二产业相比，服务业的工作时间相对自由，且学历门槛不高，劳动强度低，更容易带来满足感。

表 4-23　农村女性劳动力不同就业选择的主观就业质量分布

样本类型	主观就业质量指数	样本量（个）
受雇就业	3.537	1 048
自雇就业	3.000	374
本地就业	3.415	1 099
外出就业	3.695	323
服务业就业	3.607	809
非服务业就业	3.156	613

4.6.3　数字素养分组下农村女性劳动力主观就业质量特征

表 4-24 展示了不同数字素养分组下，农村女性劳动力主观就业质量的差异。由表 4-24 可知，在主观就业质量方面，高数字素养组的主观就业质量指数明显更高，平均值为 3.771，远高于中间值和总体均值水平，低数字素养组的均值为 2.954，T 检验结果显著，初步体现了数字素养与主观就业质量之间可能存在正相关关系。

表 4-24　农村女性劳动力主观就业质量与数字素养分组分布

	样本总体	高数字素养	低数字素养	*T* 值
主观就业质量指数	3.496	3.771	2.954	0.000
样本量（个）	1 422	944	478	

本研究分别对数字素养各维度对农村女性劳动力主观就业质量的影响进行了探讨。表 4-25 是数字素养不同维度与农村女性劳动力主观就业质量的分布结果。由表 4-25 可知，主观就业质量高的农村女性劳动力的数字素养指数平均值远高于主观就业质量低的农村女性。分维度看，主观就

业质量高的农村女性的数字素养各维度指数的平均值均明显高于主观就业质量低的农村女性。其中，数字设备使用素养指数相差最大，初步表明数字设备使用素养对农村女性劳动力主观就业质量有较大影响。数字学习素养指数相差也较大，说明数字学习素养与主观就业质量之间可能存在相关关系。上述结果表明，数字素养及各维度与农村女性的主观就业质量之间存在不同的关系，影响程度各异。

表 4-25　农村女性劳动力主观就业质量与数字素养分维度分布

样本类型	数字素养指数	数字设备使用素养指数	数字学习素养指数	数字社交素养指数	数字商业素养指数	样本量（个）
就业质量高	0.762	0.946	0.578	0.874	0.651	905
就业质量低	0.471	0.594	0.373	0.530	0.389	517

4.7　本章小结

本章对研究数据进行了初步整理，分析了我国农村女性劳动力数字素养水平及个体特征差异。同时，从劳动参与、就业选择、就业质量和主观就业质量四个维度的就业特征进行了描述性分析，分析了数字素养不同分组下的就业特征，为后文的研究奠定了基础。

第一，农村女性劳动力数字素养水平分布特征。在数字素养总体水平方面，全样本视角下，农村女性劳动力数字素养指数均值为 0.424，低于中间值。从各维度来看，数字设备使用素养指数最高，为 0.588，社交素养指数次之，均值为 0.493，数字商业素养指数均值最低，仅为 0.304，远低于平均水平，数字学习素养指数均值为 0.312，处于较低水平。从经济发展划分的地区分布来看，东部地区的数字素养指数均值为 0.464，高于总体样本均值，且在四个经济地区中为最高。东北部地区的指数均值为 0.426，仅次于东部地区。东北地区和东部地区的数字设备使用指数显著高于其他地区，西部地区指数最低。东部地区和西部地区的农村女性劳动力的数字学习素养指数均值高于总体水平，引领全国农村女性劳动力的数字素养。数字社交素养方面，东部地区和中部地区数字社交素养指数高于其他地区，西部地区的数字社交素养指数最低。数字商业素养方面，东部地区的数字商业素养指数最高，中部地区次之。另外，农村女性劳动力数字素养代际、婚姻状况方面存在显著差异。

第二，农村女性劳动力就业参与特征。总体上，农村女性样本的市场劳动参与率为84.53%，其中，非农就业参与率为48.92%。从不同地区来看，中部地区的劳动参与率和非农参与率都是最高的，东部和东北地区紧随其后。从年龄来看，在劳动参与方面，“70后”“80后”和“90后”的农村女性劳动力是主力军，参与率都很高，其中“80后”参与率最高。在非农就业方面，“00后”的非农就业率最高。从受教育程度来看，劳动参与方面，受教育程度为小学的农村女性劳动参与度最高，其次则是受教育程度为大专或大学本科及以上的农村女性。在非农就业方面，受教育程度为大专或大学本科及以上农村女性的非农就业率最高。从家庭结构类型来看，三代及以上家庭的参与率显著高于二代家庭和一代家庭，最低的则是二代家庭。在非农就业方面，三代及以上家庭的非农就业率也最高，一代家庭非农就业率最低。利用平均值为分界线，将农村女性劳动力的数字素养分为高数字素养组和低数字素养组，分析发现，高数字素养组的劳动参与率和非农就业率都较高，且T检验结果显示，高低两组之间存在明显差距。分维度看，不管是劳动参与还是非农参与，数字设备使用指数最高。

第三，农村女性劳动力就业选择特征。在就业类型选择方面，西部地区的受雇比例最高，中部地区紧随其后。在就业地区选择方面，东部地区的农村女性劳动力选择本地就业比例最高，中部地区次之，东北地区再次之，西部地区的本地就业比例最低。在就业行业选择方面，西部地区的农村女性劳动力服务业就业比例最高，东北地区这一比例最低。从受教育程度来看，就业类型选择方面，受教育程度为高中、中专、职高的农村女性劳动力受雇比例最高，受雇选择率最低的是受教育程度为小学以下的农村女性。在就业地选择方面，受教育程度为小学以下的农村女性劳动力本地就业率最高，本地就业率最低的是受教育程度为大专或大学本科及以上的农村女性。在就业行业选择方面，受教育程度为高中、中专、职高的农村女性选择服务业就业比例最高。分家庭结构类型来看，在就业类型选择方面，三代及以上家庭的受雇率显著高于二代家庭和一代家庭，最低的是一代家庭。在就业地区选择方面，三代及以上家庭的本地就业率也最高，二代家庭本地就业率最低。在就业行业选择方面，三代及以上家庭服务业就业率略高于其他家庭类型。数字素养分组下，高数字素养组的受雇比例明显更高，低数字素养组的本地就业比例明显高于高数字素养组。同时，高数字素养组的服务业就业比例也最高，且组间差异显著，初步体现出了数字素养与就业行业选择之间的关系。

第四，农村女性劳动力客观就业质量特征。总体上看，农村女性劳动力客观就业质量指数均值为0.426，低于中间值。从不同地区来看，东部地区的农村女性客观就业质量指数最高，东北地区次之，而西部地区最低。从受教育程度来看，受教育程度为大专或大学本科及以上的农村女性劳动力客观就业质量指数最高，其次则是受教育程度为高中、中专、职高的农村女性。从家庭结构类型来看，三代及以上家庭的客观就业质量指数显著高于二代家庭和一代家庭，一代家庭次之，最低的则是二代家庭。数字素养分组下，高数字素养组的客观就业质量指数明显更高，而低数字素养组的客观就业质量指数明显更低，且T检验结果显著，初步体现了数字素养与客观就业质量之间可能存在正相关关系。数字素养不同维度的分布结果显示，客观就业质量高的农村女性的数字素养各维度指数的平均值均明显高于客观就业质量低的农村女性，其中，数字商业素养指数相差最大，初步表明数字商业素养对农村女性劳动力客观就业质量存在影响。

第五，农村女性劳动力主观就业质量特征。总体上看，农村女性劳动力主观就业质量指数均值为3.639，高于五等级的中间值，表明当前农村女性的主观就业满意度较高。分地区看，东北地区主观就业质量指数最高，中部地区最低。从受教育程度来看，受教育程度为大专或大学本科及以上的农村女性劳动力主观就业质量指数最高，其次则是受教育程度为高中、中专、职高的农村女性。从家庭结构类型来看，三代及以上家庭的主观就业质量水平显著高于二代家庭和一代家庭，二代家庭次之，最低的则是一代家庭。不同就业选择下农村女性劳动力主观就业质量也存在差异。其中，受雇就业的农村女性主观就业质量指数均值高于自雇就业的农村女性。从就业所在地选择来看，本地就业的农村女性主观就业质量指数更高，远超过了平均水平。从就业行业选择来看，服务业就业群体的主观就业质量指数更高。数字素养分组下，高数字素养组的主观就业质量指数明显更高，远高于中间值和平均水平，且组间 T 检验结果显著，初步体现了数字素养与主观就业质量之间可能存在正相关关系。从数字素养不同维度来看，主观就业质量高的农村女性的数字素养各维度指数的平均值均明显高于主观就业质量低的农村女性，其中，数字设备的使用素养指数相差最大。

5 数字素养对农村女性劳动参与的影响

党的二十大报告提出“坚持男女平等基本国策”，体现了对女性的高度重视，同时女性劳动力就业也备受关注。2021 年，国务院印发的《中国妇女发展纲要（2021—2030 年）》中强调要保障妇女平等就业，使妇女拥有平等参与经济发展的权利和机会。《中华人民共和国国民经济和社会发展第十四个五年规划和 2035 年远景目标纲要》进一步提出“强化就业优先政策”，同时“健全有利于更充分就业的促进机制，扩大就业容量，提升就业质量，缓解结构性就业矛盾”。一系列政策设计将女性的个人发展诉求同国家经济社会发展需要紧密联系在一起，而农村女性是其中至关重要的群体。新时代，我国农村女性就业是乡村经济发展的重要组成部分，然而，一方面，随着“三孩”政策的实施以及全球经济不确性的增加，低成本的劳动力红利殆尽，在受教育程度没有优势的情况下，农村女性劳动力就业参与问题依然凸显。另一方面，伴随着“儿童精养”概念的普及和深入，以及教育内卷化向农村蔓延，无论城镇还是农村，为了让子女获得优质教育资源，女性不仅承担着繁重的家务劳动，花费在儿童身上的精力也逐渐增多，使得当前我国农村常住人口中很大一部分的农村女性劳动力处于资源闲置状态。因此，在新型城镇化与人口老龄化的现实情境下，如何更大限度地激发农村女性的劳动参与积极性，让农村女性拥有更多的劳动参与机会，引发了不少学者的思考。而依托数字设备和数字技术，通过超越信息边界，使更多的人及地区能够参与到经济活动当中，让每一个人都有机会分享自身的闲置资源和特长，这对于农村女性来说具有较大的吸引力（仇化等，2022）。那么数字素养能否提高农村女性劳动参与呢？如果能，对于有不同特质的农村女性，数字素养对其劳动参与的影响又有怎样的差别？这是当前值得深入分析的重大理论与实践问题。

已有文献分析了人力资本特征、家庭结构、数字技术等对农村女性劳动参与的影响，为农村女性的劳动参与创造了条件，提供了多视角的分析结果。现有研究，虽然关注互联网使用、数字技术、数字金融等对农村女性劳动力就业的影响，但很少将数字素养与农村女性劳动参与放在一起讨论，忽略了农村居民数字技术深度使用方面的影响。随着时代变迁，个体数字素养从能否获得数字工具并正确使用，发展到了数字技术的接入机会差距上，即个体能否利用数字工具获取数字资源并最终创造新知识、新资源，是数字技术的使用深度问题（王杰等，2022）。因此，本章认为数字素养可能是影响女性劳动参与的重要因素。

鉴于此，本章着重对数字素养与农村女性劳动参与之间的关系进行实证检验，并进一步分析在非农参与农业参与选择中，数字素养又发挥了什么作用。本章从一个较为新颖的视角研究女性的劳动参与决策，丰富了数字素养对劳动供给影响的研究，为女性劳动参与率的提升提出了新的方向，也为积极应对人口老龄化和现代化乡村建设提供了理论参考。

5.1 理论分析与研究假说

5.1.1 数字素养与农村女性劳动参与

现阶段我国数字经济与实体经济深度融合正处于转型时期，全民数字素养提升日益成为加速推进数字产业化和产业数字化的关键指标。就业搜寻理论在劳动力市场中有重要地位，该理论认为，劳动力市场上的就业问题可以被视为一个“搜寻”过程，农村女性和用工单位都在努力寻找合适的匹配方式。这一过程中，搜寻成本的高低直接影响双方的匹配效率。因此，为分析数字素养对农村女性劳动力就业的影响，本书基于就业搜寻理论（Mortensen et al.，1999），构建了农村女性劳动力就业搜寻模型。

参考周先波等（2016）的研究，现假设农村女性劳动力可以在劳动力市场中搜寻到最高工资的工作机会。农村女性根据已有的认知，已经知道当前劳动力市场的工资报价分布，设为 $F(w)$，但在就业搜寻前，由于信息渠道有限、传统媒介使用困难等，农村女性不知道企业具体给定的工资报价，设 W 为市场工资报价。在就业市场中，工资报价为均衡价格，不存在过高或者过低的工资价格，但往往会在一定范围内浮动，因此，工资报价不受个体搜寻的影响，意味着，农村女性劳动力在搜寻过程中，每次都会得到同样的结果。农村女性在就业搜寻过程中会产生搜寻成本，设为 C，包括了解就业相关的各类信息的支出、谈判成本和议价成本及过程中耗费的时间、精力投入等。而搜寻成本是可变的，这与农村女性劳动力的信息获取能力和获取信息的渠道密切相关。随着数字经济的发展和数字技术在生活中的渗透，农村女性劳动力的数字素养得到了显著改善，为农村女性更广泛、更便捷地获取信息提供了可能。另外，由于农村女性可能会进行多次就业搜寻，本研究将两次搜寻之间的跨期效用贴现利率设为 r。在就业机会搜寻过程中，个体保留工资为 W_i，农村女性劳动力就业还是不就业取决于市场工资报价与自己设定的保留工资的比较，如果市场工资报价大于个体保留工资，农村女性则会接受工资报价，选择进入劳动力市场，如果市场工资报价低于个体保留工资，那么农村女性则会选择拒绝市场工资报价，也就意味着会继续搜寻。本研究假设市场工资报价大于保留工资的概率为 P，根据就业搜寻利益最大化的原则，农村女性劳动力第一次就业搜寻的效益为：

$$U_1 = E(w \mid w_i \leqslant w)P(w_i \leqslant w) + \frac{U_2(1-P)}{1+r} - C \quad (5-1)$$

式 5-1 中，U_1 表示第一次就业搜寻的收益，由两部分构成：第一是以概率 P 获得高于个体保留工资的机会，期望工资为 E；第二是以概率 $1-P$ 不能获得个体保留工资以上工资的就业机会，需要继续搜寻，获得第二次搜寻的收益 U_2，此时还产生了二次搜寻的成本，如通信费、精力和时间等。根据最优决策原则，最后停止搜寻可表示为：

$$U = U_t = \frac{U_{t+1}}{1+r} \quad (5-2)$$

式（5-2）表示，最后一次搜寻前后收益相等，已经不能带来更多的收益。此时，农村女性劳动者会做出就业的决策，就业或者退出劳动力市场。

根据上述分析可知，搜寻成本会影响搜寻收益，而数字素养缓解了农村女性劳动力在就业市场上的信息不对称，大幅降低了农村女性寻找工作的边际成本。搜寻工作边际成本的降低有利于女性快速发现就业岗位和就业机会，提高了其劳动供给的可能性（Beck et al.，2018）。基于以上分析，提出以下假说。

假说 H1：数字素养对农村女性劳动力劳动参与具有促进作用。

5.1.2　数字素养与非农就业

农业规模化经营已成趋势，具有农业就业比较优势的农村女性可能被迫退出农业经营，可能选择非农就业是更好的选择。梳理相关文献发现，农村女性劳动力非农就业相关研究成果丰富。这些研究普遍认为，农村劳动力非农转移是当前农村劳动力主要就业状态，而女性的非农就业率较男性相对偏低，非农就业在提高人均收入的同时，也调动了劳动力的积极性（吴惠芳等，2020）。但是，在工作不离家背景下，家庭及农业生产一定程度上影响了农村女性劳动力的非农就业（范红丽等，2019）。数字素养的提升给农村女性劳动力的就业带来了新的机遇。就业搜寻理论认为，就业市场中关于工作的信息存在不完整性，使劳动者无法准确了解劳动力市场行业信息，更无法准确知道自身在就业市场的工资水平，延长了劳动力就业搜寻的时间，增加了就业的机会成本（Vishwanath，1991）。在数字经济时代，数字素养加速了就业岗位信息的传递，一定程度上减少了农村女性劳动力就业搜寻的时长，降低了就业的搜寻成本，提升了岗位、收入与自身条件的匹配性（齐秀琳等，2023）。李晓钟等（2021）研究发现，数字经济的发展可以通过提高农村居民收入、刺激就业，明显缓解城乡收入差异。此外，数字技术更有利于劳动者进行工作搜寻、选择工作方式和地点等，在促进就业供给与需求匹配的情况下，也提升了就业者的就业质量，改善了整体就业环境（王文，2020）。因此，数字素养在促进非农就业搜寻方面有着积极的作用。基于以上分析，提出以下假说。

假说 H2：数字素养对农村女性劳动力非农就业具有促进作用。

5.1.3　数字素养对农村女性劳动力劳动参与的影响存在异质性

根据前文理论框架，数字素养对农村女性劳动力劳动参与的影响主要回答数字素养是否促进了农村女性进入劳动力市场，以及进入劳动力市场后，数字素养是否更有利于非农就业参与这两个议题。但数字素养对农村女性劳动参与的影响也会因人而异。农村家庭特征和受教育程度是影响农村女性数字素养的主要因素（胡莹，2022）。受教育程度、年龄和家庭特征不同，对数字化知识、技能的吸纳能力和信息获取能力就不同，对劳动参与和劳动供给时间的影响也不同。例如，从受教育程度来看，高学历的农村女性接受新事物能力更强，学习知识和技术的效率更高，劳动参与的概率显著高于低学历的农村女性（张锦华等，2018）。针对不同家庭特征的农村女性，因家庭照料程度不同，所需投入的时间和精力也不同，挤占非农就业的时间有所差异。因此，数字素养对农村女性劳动力劳动参与的影响因个体特征差异而存在异质性。基于此，提出以下研究假说。

假说 H3：数字素养对农村女性劳动力就业参与的影响存在异质性。

5.2 样本处理、变量设置与模型设计

5.2.1 样本处理

本研究对象为农村女性劳动力，且考虑到大量农村劳动者在超出劳动年龄范围后仍处于工作状态，所以，本书选取的样本为农村户籍且年龄为16～60岁的女性。基于前文对数字素养和劳动参与等相关概念的界定，通过清理数据，进行整理匹配后，最终获得 5 612 个有效样本用于本章的研究。

5.2.2 变量设置

首先设置被解释变量。本书的目的是探讨农村女性劳动力数字素养对劳动参与的影响，根据已有研究的做法，本书的被解释变量是劳动参与情况，通过问卷中的题项是“目前是否有工作?”来度量，参与工作时取值为 1，退出劳动力市场时取为 0，为二值变量。根据 CFPS 的定义，参与工作指目前有工作，退出劳动力市场为在失业的前提下，过去一个月没有找过工作或两周内无法开始工作的情况。进一步对农村女性劳动参与的性质进行分析，根据 CFPS 问卷，农村女性劳动参与性质可分为非农参与和农业参与，本研究使用“您的这份工作是农业工作还是非农工作?”度量

劳动参与的性质，非农就业赋值1，农业参与则赋值为0。

其次设置核心解释变量。数字素养是受访者所具备的使用数字设备、利用数字资源、学习新知识及与他人社交沟通等能力的综合，借鉴苏岚岚等（2022）和王杰等（2022）的研究，数字素养由数字设备使用素养、学习素养、数字社交素养和数字商业素养综合度量。其中，数字设备使用素养借助“是否使用手机或电脑上网”来测度，“是”赋值为1，否则为0。采用“是否使用互联网学习（如搜索学习资料、上网络学习课程等）”和“使用互联网学习的频率”来测度数字学习素养，将“否”和“从不”赋值0，“是”或其他使用频率赋值为1。数字社交素养借助“是否使用互联网进行社交活动（如聊天、发微博等）”和“使用互联网社交的频率”来测度，赋值方法与数字学习素养相同。数字商业素养借助“是否使用互联网进行商业活动（如使用网银、网上购物）”和“互联网商业活动的频率”来测度，赋值方法与数字学习素养相同。在计算过程中将四个指标进行标准化处理，采用等权平均法将数字素养计算为一个代理指标即数字素养指数，数字素养指标越高，数字素养水平越高。

最后设置控制变量。为避免变量遗漏导致估计结果偏差，应尽可能地控制相关影响变量。教育能够给个体带来良好的工作机会，是缩小个体间差距的办法之一（Eck，1993），因此，本研究对教育水平进行了控制。相较于未婚人士，企业更愿意招聘已婚人士，因为已婚劳动者更加稳定（Burdet et al.，1999），因此，本研究控制了婚姻状况，将婚姻状态为“在婚（有配偶）”和“同居”两种状态的女性定义为有配偶，赋值为1，其余状态定义为无配偶，赋值为0。健康状况影响女性劳动参与的机制也比较直接，健康状况好的女性理论上有更大的可能外出参与劳动。本书将“不健康”“不太健康”“一般”“比较健康”“非常健康”分别赋值为1～5。家庭层面的控制变量包括家庭居住类型、家庭规模、家中0～15岁孩子数量和人均收入。父母在家中居住可能对农村女性的劳动参与产生影响，一方面，父母可能需要女儿或儿媳的照料，负向影响受访女性的劳动参与；另一方面，父母可以帮女儿或儿媳料理家务或照看孩子，正向影响受访女性的劳动参与，因此通过问卷调查生成了家庭居住类型变量。家庭规模越大，家中有儿童和老人的可能性就越高，进而会影响女性劳动参与。家中有需要照料的成员会降低农村女性参与劳动的可能，本研究根据问卷中孩子的出生年份分别生成了家中0～15岁孩子的数量。类似地，人均收入水平可能负向影响农村女性劳动参与，研究中也控制了人均收入水平。各变量定义及描述性统计结果如表5-1所示。

表5-1 变量定义与描述

变量名称	变量度量	指数均值	标准差
劳动参与	未参与=0；参与=1	0.808	0.273
劳动参与性质	是否非农参与，1是；0=否	0.473	0.468
数字素养	数字素养多维代理指标	0.424	0.415
数字设备使用素养	是否使用手机或电脑上网，1=是；0=否；	0.588	0.492
数字学习素养	是否使用互联网学习（如搜索学习资料、上网络学习课程等），1=是；0=否；	0.312	0.463
数字社交素养	是否使用互联网进行社交活动（如聊天、发微博等），1=是；0=否；	0.492	0.499
数字商业素养	是否使用互联网进行商业活动（如使用网银、网上购物），1=是；0=否；	0.304	0.460
婚姻状态	0=未婚；1=已婚	0.900	0.299
年龄	户主实际年龄（岁）	48.044	10.837
年龄的平方/100	年龄的平方/100	24.406	10.377
文化程度	受教育年限（年）	6.670	5.384
健康状况	1=不健康；2=不太健康；3=一般；4=健康；5=非常健康	3.468	1.237
未来预期	未来信心程度，1～5表示“很低”到“很高”	4.318	0.847
家庭规模	家庭常住人数（人）	4.419	1.944
家庭结构	1=一代家庭；2=二代家庭；3=三代家庭及以上；	1.949	0.676
子女抚养	是否有0～15岁子女	0.311	0.463
家庭人情支出	过去12个月家庭人情支出（元）	3.390	0.617
家庭人均经济水平	全年人均家庭纯收入的对数（元）	4.170	0.390

根据表5-1可知，样本女性农户的劳动参与的均值为0.808，表明农村女性劳动力的参与水平较高，意味着大部分农村女性参与劳动。非农就业指数均值为0.473，说明农村女性劳动力非农参与水平较低。样本女性

农户的数字素养各维度中，数字设备使用素养指数均值为 0.588，表明手机和互联网的使用广泛性一般。数字学习素养指数均值为 0.312，数字商业活动素养指数均值为 0.304，其在数字素养各维度水平中偏低，表明农村女性劳动力数字资源学习能力和价值创造能力有较大提升空间，数字商业素养水平偏低。而数字社交素养的均值水平较高，表明大约一半的农村女性利用数字设备达到社会交流的目的。总体来看，数字素养指数均值为 0.424，说明农村女性数字素养整体水平较低。样本女性农户中，其年龄平均为 48.044 岁，表明样本个体多属于中青年群体。受教育程度平均年限为 6.670 年，表明样本个体大部分的文化程度在小学和初中之间。样本个体的身体健康状况指数均值为 3.468，说明身体状况一般及以上占比较高，可以看出样本的身体健康状况总体处于较好水平，且对未来信心较高。就家庭特征而言，样本人均收入对数均值为 4.170 元，表明收入总体处于偏低水平。家庭结构类型均值指数为 1.949，表明样本家庭以一代家庭和二代家庭居多，三代及以上家庭偏少，0～15 岁子女数量平均为 0.311，抚养负担较低。

5.2.3　模型设计

当基准回归因变量为就业参与和非农参与时，考虑到变量为二元变量，可用面板 Logit 模型或面板 Probit 模型进行基准回归分析，但由于面板 Logit 在预测概率接近 0 和 1 时更加敏感，故使用二元 Logit 模型进行分析。回归模型如式 5-3 所示：

$$Y_{it} = \beta_0 + \beta_1 Digital_{it} + \sum \gamma X_{it} + \lambda_t + \mu_i + \xi_{it} \quad (5-3)$$

式 5-3 中，Y_{it}表示第 i 个农村女性劳动力在第 t 期的就业参与，当 $Y_{it}=1$ 时，表示农村女性劳动力目前是参与就业状态；当 $Y_{it}=0$ 时，表示农村女性劳动力目前未参与就业。$Digital_{it}$ 表示第 i 个农村女性劳动力在第 t 期的数字素养水平；X_{it} 表示相关的个体和家庭控制变量；λ_t 表示时间固定效应，μ_i 表示个体固定效应，是控制农村居民不随时间变化的固定特质。ε_{it} 为随机干扰项。此时核心解释变量为数字素养，本书重点关注系数 β_1，如果数字素养变量的系数 β_1 显著为正，则说明数字素养有助于农村女性劳动力就业参与，验证前文所提的假说。

5.3 实证结果分析

5.3.1 数字素养促进农村劳动力劳动参与的作用检验

本研究首先进行了 Hausman 检验，用于确定采用固定效应分析还是随机效应分析，最终确定固定效应模型更适合本部分的分析。再采用逐步回归法进行估计，回归结果如表 5-2 所示。结果模型（1）是加入个体控制变量并控制年份固定效应和省份固定效应后的回归结果。由结果可知，数字素养与劳动参与之间存在显著正相关关系，并在 1%的水平上正向显著。即农村女性劳动力数字素养水平越高，劳动参与的概率越大。模型（2）是加入个体控制和家庭控制变量并控制固定效应后的回归结果，结果表明，数字素养对劳动参与依然有正向显著影响。其原因可能是数字素养缓解了农村女性劳动力的信息约束的同时，提高了农村女性劳动技能水平，降低了摩擦失业或永久失业的可能性。从模型（3）的结果可以看出，加入个体变量并控制固定效应后，数字素养与非农就业显著正相关，即数字素养每提高一个标准差，非农就业可能性则高 19.9%，从模型（4）中可以看出，即使加入了家庭控制变量，1%水平上的正向显著性仍然存在。可能的原因在于：数字素养的提高为农村女性通过电脑、手机等互联网终端参与劳动提供了可能，因此农村女性劳动力更容易借助数字素养回归非农劳动力市场。基于以上分析，研究假说 H1 和 H2 得以初步验证。

表 5-2 数字素养对农村女性劳动参与的影响

变量名称	模型（1）	模型（2）	模型（3）	模型（4）
数字素养	0.380***	0.365***	0.199***	0.165***
	(0.048)	(0.050)	(0.040)	(0.042)
婚姻状态	0.276*	0.334**	0.115	0.095
	(0.162)	(0.169)	(0.150)	(0.155)
年龄	0.156***	0.162***	0.110***	0.110***
	(0.026)	(0.026)	(0.028)	(0.027)
年龄的平方/100	−0.118***	−0.123***	−0.102***	−0.099***
	(0.024)	(0.024)	(0.028)	(0.027)

（续）

变量名称	模型（1）	模型（2）	模型（3）	模型（4）
文化程度	0.086*** (0.017)	0.094*** (0.017)	0.050** (0.014)	0.043** (0.014)
健康状况	0.053** (0.029)	0.060** (0.028)	0.135*** (0.033)	0.135*** (0.034)
未来期望	0.074 (0.051)	0.081** (0.040)	0.136** (0.045)	0.145** (0.045)
家庭规模		−0.030 (0.026)		−0.008 (0.024)
家庭结构		0.175** (0.088)		0.245** (0.073)
子女抚育		−0.147** (0.062)		−0.109** (0.054)
家庭人情支出		0.111 (0.075)		0.001 (0.068)
家庭人均经济水平		0.007 (0.127)		0.211** (0.102)
时间固定效应	控制	控制	控制	控制
地区固定效应	控制	控制	控制	控制
LR/Wald chi^2	188.26	214.91	178.14	190.80
Log likelihood	−2 166.820	−2 237.802	−3 354.769	−3 365.706
观测值	5 612	5 612	5 612	5 612

注：括号内为稳健标准误；***、** 和 * 分别表示数据在 1%、5%和 10%的水平上显著。

控制变量对农村女性劳动参与也有重要的影响，回归结果基本与已有研究一致。在个体特征方面，年龄对劳动参与及非农参与的影响系数为正向显著，表明了随着年龄的增加，农村女性劳动参与和非农参与的可能性增加，可能的原因是随着年龄的增加，家庭责任与经验同时增加，增加了就业资本，进而促进了劳动参与。回归结果也显示，年龄的平方项对劳动参与和非农参与的影响系数相反，表明年龄与劳动参与的倒 U 形关系。随着年龄的增长，农村女性劳动力的劳动参与可能性先增加后下降。教育和健康对农村女性劳动参与和非农参与的估计系数都为正，说明文化水平越高，健康状况越好，劳动参与的概率越高，非农参与的可能性也越大，表明在数字经济时代，农村劳动力教育和健康仍然是重要的人力资本。未来期望利于农村女性劳动参与和非农参与。在家庭特征方面，家庭结构正向影响着农村女性的劳动参与，表明隔代居住家庭的农村女性劳动参与的可能性高。可能是因为与长辈居住，有来自父母的代际支持，会减少女性家务劳动的时间从而促进女性就业。有 0～15 岁子女会降低农村女性劳动力的劳动参与率和非农参与率。可能的原因在于：对于有 0～15 岁子女的农村女性，子女的营养状况和亲子关系是关注的重点，需要花费较多的时间和精力陪伴子女学习成长，即使数字素养为就业创造了条件，也可能影响劳动参与。

5.3.2 内生性检验

面板数据的使用可以缓解内生性问题，但依然可能存在遗漏变量、反向因果等导致的内生性问题。本研究虽然控制了年龄、婚姻等特征变量，但农村女性劳动参与可能还受到无法观测变量的影响。另外，也存在反向因果关系的可能，即一方面数字素养水平的提高影响了劳动参与，另一方面劳动参与对农村女性劳动力的数字素养有更高的要求，从而导致估计结果存在偏差。因此，为克服可能存在的内生性问题，需要寻找适合的工具变量。

目前，学界尚未有比较合理的方法处理非线性面板数据，为提高研究的严谨性，本研究采用 Eprobit 模型（Extended regression model，ERM）处理内生性问题。由于数字素养相关的研究不多，依据数字能力、互联网使用、移动支付等相关研究中的工具变量，借鉴陆镜名等（2023）的研究，本研究选取村级层面的互联网普及率为工具变量。根据工具变量的使用要求，首先，在相关性上，村级层面互联网普及率基本上能反映出当地的数字基础设施的建设程度和当地居民使用互联网的方便程度，与数字素养具有很高的相关性。其次，在外生性条件上，村级层面的互联网普及率是宏观层面，对个体的就业质量难以产生直接影响，满足外生性要求。因此，村级层面的互联网普及率满足了工具变量的相关性条件和外生性条件，选择这个工具变量是可取的。

内生性处理结果如表 5-3 所示。列（1）和列（3）为使用工具变量法的回归模型结果，模型显示工具变量对农村女性劳动力数字素养具有显著性影响，表明互联网普及率越高，农村女性劳动力的数字素养水平越高，两者高度相关，验证了工具变量相关的假设。列（2）和列（4）的回归结果显示，数字素养系数均显著为正，且残差项相关系数显著，反映出工具变量法的估计结果是可靠的。数字素养会显著影响农村女性的劳动参与和非农劳动参与，并且从回归系数大小来看，数字素养对劳动参与和非农劳动参与的影响系数相对基准更大，证明了采用工具变量法的可靠性。基于此，研究假设 H1 和 H2 得到进一步验证。

表 5-3 内生性处理结果

变量	(1) (IV-eprobit)	(2) (IV-eprobit)	(3) (IV-eprobit)	(4) (IV-eprobit)
	第一阶段	第二阶段	第一阶段	第二阶段
数字素养		0.575*** (0.095)		0.189*** (0.012)
工具变量	1.099*** (0.240)		1.099*** (0.240)	
控制变量	控制	控制	控制	控制
时间固定效应	控制	控制	控制	控制
地区固定效应	控制	控制	控制	控制
Wald chi^2		452.50		270.24
Log likelihood		−12 586.38		−13 854.213
残差项相关系数		−0.600** (0.197)		0.287** (0.111)
观测值	5 612	5 612		5 612

注：括号内为稳健标准误；***、** 和 * 分别表示数据在 1%、5% 和 10% 的水平上显著。

5.3.3 稳健性检验

为验证主回归结果的稳健性，本研究使用如下两种方法进行稳健性检验。

(1) 更换估计方法。由于就业选择为0—1虚拟变量，在前文面板基准回归的基础上，为保证结果的可靠性，将估计方法替换为面板Probit模型作为参照。由表5-4第（1）列可知，数字素养对就业参与和非农就业参与的影响系数都为正向显著，估计结果与主回归结果一致，进一步证明了研究结果的可靠性。

(2) 更换解释变量。根据前文对数字素养的定义，数字素养是数字资源深度使用的能力，源自个体对数字技术的重视程度。本研究借鉴王杰等（2022）的稳健性检验方法，选取互联网使用对学习、社交、娱乐和商业活动的重要程度替换数字素养。在问卷中，由“使用互联网对学习的重要程度”“使用互联网对社交的重要程度”“使用互联网对娱乐的重要程度”“使用互联网对商业活动的重要程度”来体现，重要程度从非常不重要到非常重赋值1～5分，采用数据标准化处理方法，获得替换后变量的指数，再利用面板Logit模型对劳动参与和非农参与进行回归分析，分析结果如表5-4第（2）列所示。互联网使用对学习、社交、娱乐和商业活动的重要程度对劳动参与和非农就业都通过了显著性检验，替代的解释变量得到的分析结果与数字素养得到的结果一致。以上结果表明，研究结论具有稳健性。

表5-4 稳健性检验结果

变量	(1) 更换估计方法		(2) 更换解释变量	
	就业参与	非农就业	就业参与	非农就业
数字素养	0.266*** (0.030)	0.089*** (0.026)		
数字技术重视程度			0.339*** (0.011)	0.194** (0.091)
控制变量	控制	控制	控制	
时间固定效应	控制	控制	控制	
地区固定效应	控制	控制	控制	
Wald chi^2	211.02	198.81	202.53	192.78
Log likelihood	−2 142.214	−3 365.726	−2 152.076	−3 369.185
观测值	5 612	5 612	5 612	5 612

注：括号内为稳健标准误；***、**和*分别表示数据在1%、5%和10%的水平上显著。

5.3.4 异质性分析

根据上文的研究，数字素养正向影响农村女性的劳动参与，进一步分析数字素养对农业参与和非农参与的影响发现，数字素养更利于非农参与。由于家庭特征、个体特征存在差异，导致个体数字素养也存在差异，数字素养对其劳动参与的影响也会存在差异。因此，本研究从农村女性劳动力的自身特征出发，选择人均家庭纯收入、年龄和受教育程度三个变量，探究数字素养对农村女性劳动参与的异质性影响。

(1) 家庭异质性分析。根据样本的家庭人均纯收入是否大于样本中位数，将总样本分为两组，分别估计数字素养与就业选择之间的关系（表5-5）。由表5-5第（1）列可知，在引入农村女性劳动力家庭人均纯收入变量后，与低人均收入组相比，数字素养会更加显著地增加高人均收入组的影响。从非农参与异质性回归结果看，数字素养对于高人均收入组非农参与的影响更加显著。可能的原因是高人均收入组的个体，有可能更早地接触了互联网，可以更熟练地使用数字技术，能更精准地搜寻非农就业信息，数字素养得到更充分利用，从而加强了其对劳动参与和非农参与的影响。对于低人均收入组的农村女性群体而言，可能又因家庭分工，需要承担一定的家务及照料责任，数字设备和数字技术的使用不充分，从而减少了劳动参与的可能。

表5-5 家庭异质性分析

变量	(1) 劳动参与		(2) 非农参与	
	低人均收入	高人均收入	低人均收入	高人均收入
数字素养	0.329**	0.471***	0.105	0.207***
	(0.164)	(0.082)	(0.069)	(0.058)
控制变量	控制	控制	控制	控制
时间固定效应	控制	控制	控制	控制
地区固定效应	控制	控制	控制	控制
Wald chi^2	91.34	107.56	69.83	126.38
Log likelihood	−1 142.177	−996.550	−1 868.571	−1 658.851
观测值	2 732	2 880	2 732	2 880

注：括号内为稳健标准误；***、**和*分别表示数据在1%、5%和10%的水平上显著。

(2) 年龄异质性分析。不同年龄的农村女性劳动力个体的数字素养对就业选择行为也可能存在差异。改革开放后，沿海地区以劳动密集型为主的非农产业高速发展，在二元经济结构下，农村青年女性劳动力为第一批涌向城市的人群，“打工妹”一词由此而来。沿此时代特征，本研究将1980年及以后出生即16～43岁的样本列为一组，而将1959—1979年出生的即44～60岁的样本列为第二组，进行年龄的异质性检验（表5-6）。从表5-6中可以看到，数字素养对农村女性劳动力中44～60岁群体的劳动参与和非农参与的影响均更为显著。农村数字技术的应用得到迅速发展，不仅影响农民生活，更直接影响他们的劳动参与。相比于青年群体，中年及以上的农村女性，受教育程度有限，群体接受新事物能力更弱，又过于保守，大部分个体不容易通过互联网寻求就业机会，受数字素养的影响更大。

表5-6 年龄的异质性分析

变量	(1) 劳动参与		(2) 非农参与	
	16～43岁	44～60岁	16～43岁	44～60岁
数字素养	0.387**	0.579***	0.044	0.238**
	(0.153)	(0.083)	(0.061)	(0.075)
控制变量	控制	控制	控制	控制
时间固定效应	控制	控制	控制	控制
地区固定效应	控制	控制	控制	控制
Wald chi^2	73.01	130.74	108.61	93.02
Log likelihood	−620.858	−1 600.829	−2 293.119	−1 025.705
观测值	1 887	3 725	1 887	3 725

注：括号内为稳健标准误；***、**和*分别表示数据在1%、5%和10%的水平上显著。

(3) 受教育程度异质性分析。教育是人力资本的维度之一，受教育年限不同，农村劳动力劳动参与行为不同。本研究基于样本的受教育年限，将样本中受教育年限少于6年的样本设为低文化程度组，将受教育年限大于6年小于12年的样本设为中文化程度组，将受教育年限大于13年的样本设为高文化程度组（表5-7）。结果表明，与高低文化程度组的群体相比，数字素养对中文化程度组群体的劳动参与的影响显著，而对低文化程度组群体的影响不显著。在农村，教育可以帮助农村女性获得更广阔的视野，更丰富的知识，也能让她们获得更好的工作机会。中文化程度的群体，数字素养可塑性很强，数字设备及技术一学便会，能顺畅搜寻就业信息，劳动参与的可能性更高。而低文化程度的农村女性，往往学习能力弱，对于各种数字资源的利用也有技术障碍，囿于家庭的可能性较大，很有可能就是留守在农村，市场劳动参与可能性极低。因此，基于以上分析可知，数字素养对家庭特征、个体特征存在异质性影响，研究假说 H3 得到验证。

表 5-7　教育年限的异质性分析

变量	(1) 劳动参与			(2) 非农参与		
	低文化程度	中文化程度	高文化程度	低文化程度	中文化程度	高文化程度
数字素养	0.013 (0.096)	0.704*** (0.098)	0.340* (0.181)	−0.288** (0.108)	0.210** (0.062)	0.360** (0.133)
控制变量	控制	控制	控制	控制	控制	控制
时间固定效应	控制	控制	控制	控制	控制	控制
地区固定效应	控制	控制	控制	控制	控制	控制
Wald chi^2	23.63	110.36	39.67	24.41	99.72	36.10
Log likelihood	−1 169.329	−638.770	−253.227	−1 465.643	−1 344.229	−483.229
观测值	2 253	2 422	937	2 253	2 422	937

注：括号内为稳健标准误；***、** 和 * 分别表示数据在 1%、5%和 10%的水平上显著。

5.4　进一步分析

进一步对数字素养进行拆解，分析不同维度的数字素养对农村女性劳动参与的影响。使用面板回归，估计结果如表 5-8 所示。结果显示，四个维度的数字素养对农村女性劳动参与及非农参与的影响各有差异。首先，数字设备使用素养和数字学习素养均对劳动参与的回归系数显著为正，说明这两个维度的数字素养对农村女性劳动参与均存在显著正向作用，且促进作用的大小为数字设备使用素养大于数字学习素养。可能的原因是，数字素养促进农村女性劳动力低成本的知识获取和技能的积累，提升了人力资本水平，从而提高了劳动参与水平。其次，数字学习素养、数字社交素养和数字商业素养均正向影响非农参与，影响程度由大到小的顺序为数字社交素养>数字商业素养>数字学习素养，可能的原因是数字学习素养和数字社交素养提升了个体沟通协调能力，提升了劳动效率，提高了劳动参与的积极性。特别值得一提的是，数字设备使用素养降低了非农参与的概率，很有可能是因为数字素养高，导致劳动者的隐性劳动时间增加，从而增加了农村女性的劳动强度，降低了收入的“性价比”，从而选择退出非农就业。

表 5-8 不同维度的数字素养对农村女性劳动参与影响结果

变量	劳动参与	非农参与
数字设备使用素养	0.560***	−0.346***
	(0.137)	(0.062)
数字学习素养	0.216**	0.497***
	(0.116)	(0.116)
数字社交素养	−0.264	0.663***
	(0.234)	(0.150)
数字商业素养	−0.061	0.621**
	(0.168)	(0.123)
控制变量	控制	控制
时间固定效应	控制	控制
地区固定效应	控制	控制
Wald chi^2	226.05	216.35
Log likelihood	−2 128.091	−3 321.737
观测值	5 612	5 612

注：括号内为稳健标准误；***、** 和 * 分别表示数据在 1%、5%和 10%的水平上显著。

5.5 本章小结

本章在理论分析数字素养与农村女性劳动参与的基础上，采用 2018

年和 2020 年中国家庭追踪调查数据（CFPS）数据，应用 Logit 模型和 IV-EProbit 模型验证了数字素养对农村女性劳动参与和非农参与的影响，并基于家庭特征和个体特征差异分析了其异质性影响。结论如下。

第一，数字素养与劳动参与存在正向显著关系，数字素养使得农村女性劳动者劳动参与的可能性上升。数字素养不仅促进了农村女性劳动者劳动参与的广度，还增加了其非农参与的可能。从控制变量来看，年龄和年龄的平方项对劳动参与及非农参与的影响系数显著且相反，表明了年龄与劳动参与的倒 U 形关系。教育和健康在数字经济时代，仍然是重要的人力资本。未来期望利于农村女性劳动参与和非农参与。在家庭特征方面，三代及以上家庭利于农村女性劳动参与。而 0～15 岁子女对农村女性劳动参与存在不利的影响。

第二，采用 Eprobit 模型处理了内生性问题。第一阶段估计结果表明工具变量对农村女性劳动力数字素养具有显著性影响，体现了工具变量的相关性。第二阶段结果显示，数字素养系数显著为正，且残差项相关系数显著，反映出工具变量法的估计结果是可靠的。数字素养会显著影响农村女性的劳动参与和非农劳动参与，并且数字素养对劳动参与和非农劳动参与的影响系数相对基准更大。

第三，通过更换估计方法和解释变量进行稳健性检验。首先，将估计方法替换为面板 Probit 模型作为参照，结果显示数字素养对就业参与和非农就业参与的影响都为正向显著。其次，根据前文对数字素养的定义，数字素养是数字资源深度使用的能力，源自个体对数字技术的重视程度。选取互联网使用对学习、社交、娱乐和商业活动的重要程度替换数字素养。再利用面板 Logit 模型对劳动参与和非农参与进行回归分析，结果发现，互联网使用对学习、社交、娱乐和商业活动的重要程度对劳动参与和非农就业的影响都通过了显著性检验，替代的解释变量与数字素养得到的结果一致。

第四，数字素养对劳动参与的影响因农村女性劳动力家庭特征和个体特征的差异而存在异质性。数字素养会更加显著地增加高人均收入组的劳动参与及非农参与。数字素养对农村女性劳动力中 44～60 岁群体的劳动参与和非农参与的影响均更为显著。数字素养对中文化程度组的劳动参与的影响更显著，而对低文化程度组的影响不显著。

第五，将数字素养分维度讨论发现，不同数字素养维度对农村女性劳动参与及非农参与的影响各有差异。首先，数字设备使用素养和数字学习素养均对劳动参与的回归系数均显著为正，且促进作用的大小顺序为：数字设备使用素养大于数字学习素养。其次，数字学习素养、数字社交素养和数字商业素养均正向影响非农参与，影响程度的顺序为数字社交素养＞数字商业素养＞数字学习素养。

6 数字素养对农村女性劳动力就业选择的影响

一直以来，我国始终把增加就业岗位，真正实现就业增收作为优先发展战略，并提出“数字中国”的建设目标，强调把数字中国建设落实到具体实践和实际成效，构筑经济发展的新引擎和新优势。在此背景下，我国数字经济的规模和数字技术的发展得到显著地提升。2022 年的《数字中国发展报告》数据显示，2022 年我国数字经济发展总量为 50.2 万亿元，总量稳居世界第二，占 GDP 比重为 41.5%。建设 5G 基站 231.2 万个，5G 用户达 5.61 亿户，全球占比均超过 60%，移动物联网终端用户数达 18.45 亿户。随着数字经济惠及农村，农村数字基础设施的完善率和互联网普及率得到提升，互联网的使用和电子商务影响着农村居民的生产、消费的同时，对农村劳动力的就业也产生了深刻的影响（Barna et al.，2020；Zhang et al.，2023）。所有劳动者有同等享受数字经济正外部性的权利，但也对劳动者个体的数字素养有了更高的要求。

根据国家统计局农民工监测数据推算，目前我国约有 2.5 亿农村女性劳动力驻守在农村，她们从事着个人工作的同时，还承担着农业生产和家庭照料工作。虽然我国农村劳动力人口规模比较大，但农村劳动力人口数量在逐年下降，且劳动力人口内部呈现老龄化趋势。农村人口的素质和技能水平虽有提升，但依然难以满足高质量就业的要求（童玉芬等，2021）。数字经济的素养赋能有利于提升农村女性劳动力的生计能力（Radovanovic，2020），为农村女性劳动力就业提供了更多的选择。然而，目前我国农村劳动力数字素养水平并不乐观，表现为就业过程中普遍存在劳动者的技能和用人单位岗位需求不匹配、就业收入水平较低、劳动强度大、社会公共服务与社会保障不足等问题（何怡萱等，2020）。因此，农村女性劳动力作为家庭劳动力的主要构成部分，面对劳动人口数量下降、老龄化趋势加重及农村劳动力素质偏低等人口结构偏差带来的人口红利消失的重大挑战，数字素养是否利于农村女性就业选择成为本章要进一步确认的重要议题。

关于这两个综合变量间的关系，相关的研究多从数字化、数字技术使用对农村劳动力就业的某个方面的影响展开分析，如非农或农业就业选择、创业选择、灵活就业、非正规就业、就业距离选择等某个方面的探讨（何勤英等，2022；赵放等，2023）。

诚然，现有研究为本章的研究提供了理论支持和方法参考，但也存在一些可拓展的研究空间。首先，学者们较多从数字技术的宏观层面（如数字基础设施建设程度）或微观层面（数字技术可及性）探讨数字技术对就业选择的影响，较少关注劳动力数字技术的深度使用，即数字素养对就业选择的影响。事实上，我国农村当前的数字基础设施建设、互联网联通率得到了稳步改善，未来的趋势必然是提高农村劳动力对数字技术的深度使用能力，这关乎农村劳动力对数字经济的参与度和数字经济发展成果的充分获得。其次，当前研究多关注整个劳动力群体，普遍性的结论忽视了农村女性角色的多重性差异，而仅聚焦农村女性劳动力群体就业选择的研究还比较少见。最后，已有文献对数字素养和就业选择的影响机制分析也有待深入。数字素养的提高可能带来社会网络、就业信息和就业能力的改善。结合家庭劳动力人口和老龄化趋势以及子女教育“内卷化”和养育“精致化”的情况，农村女性劳动力的就业选择可能面临新的思考。

鉴于此，本章的目的就是探讨农村女性劳动力的数字素养对就业选择的影响。选取就业类型、就业地区和就业行业来衡量就业选择，并探讨数字素养影响农村女性劳动力就业选择的作用机制。

6.1 理论分析与研究假说

6.1.1 数字素养与农村女性劳动力就业选择的关系分析

（1）数字素养与农村女性劳动力就业类型的关系分析。不同学者根据不同的研究角度和侧重点，对就业类型进行了不同的界定。《中国劳动统计年鉴》根据劳动者的身份，将就业类型分为受雇就业、自雇就业和家庭帮工。国际劳工组织则将其界定为受雇、自雇、个体经营和无酬家庭帮工，并且将自雇和个体经营者合并为自我雇佣。本研究采用较多学者对就业类型的界定，把劳动者分为受雇和自雇两类（戚聿东等，2021）。截至2022年12月，我国农村互联网覆盖率达到61.9%，成为完善和促进农村劳动力市场的重要因素。事实上，互联网对农村劳动力非农就业有积极的影响，特别能促进农村女性劳动力非农就业（Shahiri et al.，2015；宁光杰等，2019）。首先，借助智能手机及互联网平台，农村女性劳动力能从终端获取更多就业相关的信息，促使其结合家庭照料及就业的需要，选择自主创业、兼职就业、自由职业等新就业模式（Moretta，2022），扩大了农村女性劳动力的就业类型选择范围的同时，通过岗位信息与自身能力相匹配，帮助个体找到更合适的工作，也增加了其受雇的概率（宋林等，2020）。其次，数字素养有利于农村女性建立起更好的人际关系网络。农村社会是人情社会，随着非农就业边际收入的提高和乡村振兴战略的实施，农村女性劳动力更多嵌入市场经济体系中，有了更多实现非农就业的机会，数字素养在此背景下，缓解了劳动者的融资成本和社会资本约束，降低了其探寻新型就业模式的搜寻成本和交易成本，增加了受雇的可能性（Wang et al.，2022；Wang et al.，2023）。最后，农村女性劳动力文化水平偏低，就业选择范围有限，多数是自谋职业或从事低技能劳动，劳动强度大且收入水平低。数字素养带动了农村劳动力的再学习，增加了劳动者学习的机会，提高了劳动者的就业技能，使得劳动者有能力进入更为稳定的受雇就业（Bejaković et al.，2020）。基于以上分析，提出以下假说。

假说H1：数字素养越高，越有利于农村女性劳动力的受雇就业类型选择。

（2）数字素养与就业行业选择关系分析。技术进步带来了大量传统行业的转型，催生了更多新型行业，也造成了大量工作从工业向服务业的转移。以往研究显示，由于就业技能低，老一代农村女性劳动力就业行业较为狭窄，多集中在竞争性行业中的制造业、批发零售、餐饮业和社会服务业（高文书，2006；张文洲，2016）。总体上就业环境、就业待遇和就业保障处于劣势。数字化背景下，新生代农村女性劳动力在观念意识、人力资本和社会资本方面与父辈均存在明显的代际差异，就业选择性增强。一方面，数字技术在生活和生产中普遍应用，倒逼农村女性劳动力加强数字技能的学习，提高了就业的人力资本。另一方面，人力资本的提高增加了数字环境下农村女性就业的适应性，增强了农村女性在机器较难替代的服务业就业的意愿，缓解了农村女性劳动力受制于家庭和劳动能力的双重约束，提高了在作息时间富有弹性、劳动强度偏低的服务业就业的可能性。数字素养是一种技能，更是一项新型人力资本，在数字化和新型行业增加的情况下，数字素养有利于农村女性劳动力选择服务业就业。基于以上分析，提出以下假说。

假说 H2：数字素养促进了农村女性劳动力服务业就业选择倾向。

(3) 数字素养与就业地区选择关系分析。数字经济的发展催生了很多新的就业形态，导致就业选择改变，使劳动力在不同就业空间之间流动（胡放之，2021）。而劳动力迁移理论认为，农村劳动力流向地的选择主要取决于原住地推力或排斥力和迁入地拉力或吸引力的博弈结果（李强等，2009），相比而言，非农收入的拉力最有吸引力（周皓等，2022）。数字化背景下，数字素养影响农村女性劳动力就业地选择，可从数字素养如何影响就业机会和就业收入两个方面分析。首先，就业地收入差距分析。在工业化背景下，非农就业收入效率高于农业生产效率，越来越多的农村女性劳动力，尤其是青年女性劳动力被高收入、丰富的岗位选择、城市生活和经济规模所吸引，倾向于扩大就业半径。随着城市收入与生活消费成本提高、工作岗位技能化要求提高以及农村劳动力的社会、经济保障缺失，离开原就业地城市的推力也越来越大。与此同时，农村数字经济不断下沉，信息已成为农村经济发展的重要生产要素，整个经济社会都能够从数字化转型中获得新能量（Zaffiro et al.，2018）。互联网的普及培育了农村女性劳动力的数字素养，能让她们及时获取就业信息，降低了学习的成本，提升了自身素质（周冬，2016），打破了较低工作报酬的"次级劳动力市场"就业选择，提高了农村劳动力就业能力和收入期望，促进农村劳动力选择"离土又离乡"的城市转移（张同龙等，2019；汪俊雯等，2023）。其次，就业机会差距分析。相比而言，农村劳动力的受教育水平和数字素养都有了明显提升，面对就业机会少带来的"学历贬值"和"就业难"等现象，年轻、学历较高、未婚的女性倾向于在更大空间范围的大城市就业（童玉芬等，2015)，促进了城市就业规模上升同时，也有效缓解了劳动力在流动时间与空间上的限制（Acemoglu et al.，2018)。因此，数字素养扩大了农村女性劳动力的就业选择范围。基于以上分析，提出以下假说。

假说 H3：数字素养有利于扩大农村女性劳动力就业半径。

6.1.2 数字素养与农村女性劳动力就业选择的影响机制分析

根据已有研究，本书认为数字素养主要通过以下三个方面影响农村女性劳动力就业选择。

(1) 信息渠道拓展。数字经济的发展，能够有效打破地域限制，减少交易摩擦和信息不对称性，增加人们就业的概率（谢绚丽等，2018)，更为便捷地使农户通过互联网信息渠道了解就业信息，帮助其做出适合的就业选择。研究显示，数字技术在农村地区的应用，有助于增加低技能劳动力招聘需求，促进农村劳动力非农就业（何宜庆，2023)。众多研究指出，信息渠道作为一种信息传递途径，对非农就业选择有重要影响。莫怡青等(2022）的研究指出，数字经济背景下的零工经济使“自雇型”就业显著减少，平台经济、共享经济带来的就业福利使得就业摩擦减少，劳动力流动性增强，使人们不再愿意从事有一定风险的自雇就业。高数字素养劳动者因其自身较高的信息筛选和识别能力，希望获得更高水平、工资收入更稳定的工作。相对而言，低数字素养劳动者信息识别能力较低，要承担自雇所带来的不可预期投入风险和自我经营的责任。

(2) 工作自主性。随着国家资源不断投入、大城市经济发展带动及农村土地流转的兴起，农村生产模式转变为“以农为辅兼业”或“以农为主兼业”，农民更多选择完全脱离土地进行非农生产活动，日益呈现出“脱农化”的特点。有研究指出，数字经济发展给传统行业带来冲击，衍生出各类新型职业（李丽，2022)。数字技术的进步对我国服务业有就业创造效应（丁琳等，2020)。增加了高技术密集型制造业和生产性、消费性服务业的就业规模，但减少了劳动密集型、技术密集型制造业的就业规模（孟祺，2021)。数字经济带来了行业的变化，农村女性劳动力的就业行业选择也发生了变化。新一代农村女性劳动力为了保持家庭角色的日常需要，就业行业以传统服务业为主，体现为灵活就业、居家就业、自由就业等现代服务业就业趋势（黄莉芳等，2018）。实现自由、自主性就业给农村女性数字素养提出了更高的要求，数字素养越高，农村女性可能拥有更大的就业选择余地，从而实现自由从事多份工作，获取更多劳动报酬。

(3) 社会资本。布迪厄（1977）认为，社会资本是与相互默许或公认关系的持久网络相关的实际或潜在资源的集合。通过交往活动创建的社会资本，将会显著影响人们的就业选择决策（韩叙等，2019）。新型城镇化的到来，使农村劳动力之间交流频率和信息传递速度适应了信息技术的发展，建立了除传统亲缘和地缘关系以外的社会关系，非亲缘、地缘关系不断扩张，成为决定新时期劳动者就业地选择和技能提升的重要因素。Ioannides等（2004）的研究发现，社会资本成功促进了工作匹配。在此基础上，Bayer 等（2005）提出，社会关系规模越大，网络内成员的移民成本越低，有利于更多低素质劳动力流入其他地区以及提高进入高工资行业的概率。我国是一个传统的地缘社会、人情社会，同一群体社会关系的紧密程度会影响各自的决策，相互带动向城市就业转移（王春超等，2017）。数字生活改变了传统的社交方式，农村劳动力更多通过数字网络与朋友聊天和搜索信息，建立、维持社交网络，有利于农村女性劳动力获得多样化、高回报的就业信息（陈贵富等，2022）。基于以上的分析，提出以下研究假说。

假说 H4a：数字素养通过拓展农村女性劳动力就业信息渠道，促进受雇就业。

假说 H4b：数字素养通过提高农村女性劳动力工作自主性，促进服务业就业。

假说 H4c：数字素养通过提升农村女性劳动力社会资本，促进外出就业。

6.1.3　数字素养对农村女性劳动力就业选择的影响存在异质性

根据前文理论框架，数字素养主要通过信息渠道拓展、社会资本和工作自主性来影响农村女性劳动力的就业选择。但数字素养对农村女性就业选择的影响也会因人而异。由于文化程度、年龄和家庭特征不同，农村女性对数字化知识、技能吸纳能力和信息获取能力就不同，对就业类型的了解、自雇就业风险、就业行业发展和就业地区的选择产生的影响也不同。

张抗私等（2021）的研究表明了家庭特征对农村女性受雇就业的影响，认为家庭收入对已婚女性的受雇就业影响显著。因此，数字素养对农村女性劳动力就业选择的影响因个体特征差异而存在异质性。基于此，提出以下研究假说。

假说 H5：数字素养对农村女性劳动力就业选择的影响存在异质性。

基于上述分析，构建了本章的理论框架（图 6－1）。

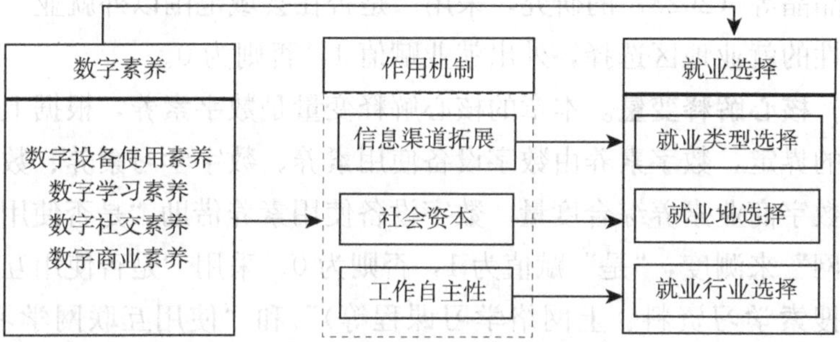

图 6－1　数字素养与就业选择的理论框架

6.2　样本处理、变量设置与模型设计

6.2.1　样本处理

本研究重点关注的是农村女性在非农劳动参与情况下，数字素养如何影响其非农就业选择及就业质量，就业选择聚焦的是就业类型选择、就业所在地的选择和就业行业的选择。根据前文的数据整理，进一步对非农参与样本进行处理和面板匹配，删除异常值和缺失值，最终获得有效样本量为 1 422 个，也是后续就业质量检验的样本。

6.2.2　变量设置

(1) 被解释变量。本书的目的是探讨农村女性劳动力数字素养状况对就业选择的影响。借鉴其他学者的研究，被解释变量包括就业类型选择、就业地区选择和就业行业选择三个维度，衡量农村女性劳动力就业选择。首先，本研究采用较多学者对就业类型的度量方法，将就业类型划分为受雇和自雇两类（戚聿东等，2021），通过“是否受雇”来测度。即受访者的就业类型为“非农受雇”定义为受雇，赋值为1，受访者就业类型为“个体、私营、其他自雇”定义为自雇，赋值为0。其次，在学界相关研究的基础上，并结合本研究所使用的数据，将问卷中涉及的传统服务业与现代服务业统称为服务业，并通过“是否服务业就业”来刻画农村女性劳动力的行业选择，是服务业就业赋值1，否则为0。就业地区选择方面，本研究借鉴孙晶晶等（2023）的研究，采用“是否在县域范围以外就业”来表征农村女性的就业地区选择，外出就业赋值1，否则为0。

（2）核心解释变量。本章的核心解释变量是数字素养，根据上文对数字素养的界定，数字素养由数字设备使用素养、数字学习素养、数字社交素养和数字商业素养综合度量。数字设备使用素养借助“是否使用手机或电脑上网”来测度，“是”赋值为1，否则为0。采用“是否使用互联网学习（如搜索学习资料、上网络学习课程等）”和“使用互联网学习频率”来测度数字学习素养，将“否”和“从不”赋值0，“是”或其他使用频率赋值为1。数字社交素养借助“是否使用互联网进行社交活动（如聊天、发微博等）”和“使用互联网社交频率”来测度，赋值方法与数字学习素养相同。数字商业素养借助“是否使用互联网进行商业活动（如使用网银、网上购物）”和“互联网商业活动的频率”来测度，赋值方法与数字学习素养相同。在计算过程中将四个指标进行标准化处理，采用等权平均法将数字素养计算为一个代理指标即数字素养指数，数字素养指数越高，数字素养水平越高。

（3）机制变量。根据上述的理论分析，本研究选择信息渠道、社会资本和工作自主性为机制变量。借助“互联网获取信息的重要程度”衡量信息渠道拓展，1～5分分别表示“非常不重要”到“非常重要”，数值越大代表信息获取拓展效应越强。有学者认为社会资本可利用社会关系网络、社会信任、社交紧密度等衡量（张昱等，2011），也有研究采用单一指标对社会资本进行度量。我国是典型的熟人社会，人情支出是建立社会网络和人际关系的重要形式，体现了社交范围和关系紧密度（叶静怡等，2014）。因此，本研究借鉴杨汝岱（2011）的做法，结合农村的实际情况，借助“每年家庭人情支出”衡量个体社会资本积累情况，数据做对数处理。借助“工作的场所最主要在哪里?”衡量工作自主性，“是”赋值为1，否则为0。

(4) 控制变量。为避免遗漏变量导致估计结果有偏差，应尽可能地控制相关影响变量。教育和培训能够给个体带来良好的工作机会，是缩小个体间差距的最优办法（Eck，1993），因此本书对教育水平进行了控制。相较于未婚人士，企业更愿意招聘已婚人士，因为已婚劳动者更加稳定（Burdett et al.，1999），因此本书控制了婚姻状况。本书还对年龄、健康状况和人均收入水平、家庭结构类型、0～15岁子女数量等进行了控制。

各变量定义及描述性统计结果如表6-1所示。

表6-1 变量定义与描述

变量名称	变量度量	指数均值	标准差
就业类型选择	是否受雇，0=否；1=是	0.736	0.440
就业行业选择	是否服务业，0=否；1=是	0.568	0.495
就业地选择	是否外地就业，0=否；1=是	0.572	0.419
数字素养	数字素养多维代理指标	0.565	0.451
数字设备使用素养	是否使用手机或电脑上网，1=是；0=否；	0.804	0.294
数字学习素养	是否使用互联网络学习（如搜索学习资料、上网络学习课程等），1=是；0=否；	0.526	0.499
数字社交素养	是否使用互联网络进行社交活动（如聊天、发微博等），1=是；0=否；	0.755	0.430
数字商业素养	是否使用互联网络进行商业活动（如使用网银、网上购物，1=是；0=否；	0.476	0.494
信息渠道	互联网获取信息的重要程度，1～5分分别表示“非常不重要”到“非常重要”	4.011	1.239
社会资本	每年家庭人情支出的对数（元）	2.027	0.289
工作自主性	工作场所是否灵活，0=否 1=是；	0.323	0.083
婚姻状态	0=未婚；1=已婚	0.790	0.407
年龄	户主实际年龄（岁）	41.980	10.076
年龄的平方/100	年龄的平方/100	17.811	8.646
文化程度	受教育年限（年）	9.198	4.815
健康状况	1=不健康；2=不太健康；3=一般；4=健康；5=非常健康	4.066	0.874
家庭人均经济水平	全年人均家庭纯收入的对数（元）	4.387	0.345
家庭居住类型	居住类型，1=一代家庭；2=二代家庭；3=三代及以上家庭	1.932	0.599
0～15岁子女数量	0～15岁子女数量（人）	0.538	0.762

由表 6-1 可知，样本女性农户的就业类型的指数均值为 0.736，表明农村女性劳动力的受雇水平较高，意味着大部分农村女性选择受雇。就业地区指数均值为 0.572，说明大约一半的样本选择外出务工。另外，就业行业指数均值为 0.568，说明农村女性劳动力多从事第三产业。样本女性农户的数字素养各维度中，数字设备使用素养指数均值为 0.804，表明手机和互联网的使用较为广泛。数字学习素养指数均值为 0.526，数字商业活动素养指数均值为 0.476，这两项指标在数字素养各维度水平中偏低，表明农村女性劳动力数字资源学习能力和价值创造能力有较大提升空间，数字商业素养水平偏低。而数字社交素养指数均值水平较高，表明大多数农村女性利用数字设备达到社交目的。总体来看，数字素养指数平均值为 0.565，说明数字素养整体水平一般。样本女性农户中，其年龄平均为 41.980 岁，受教育程度集中在初中水平，身体健康状况良好，二代家庭类型居多。

6.2.3 模型设计

(1) 面板 Logit 模型。当基准回归因变量为就业类型选择、就业地选择和就业行业选择时，考虑到变量均为二元变量，可用面板 Logit 模型或面板 Probit 模型进行基准回归分析，但由于面板 Logit 在预测概率接近 0 和 1 时更加敏感，故本研究使用二元 Logit 模型进行分析。回归模型如 (6-1) 所示：

$$Y_{it} = \beta_0 + \beta_1 Digital_{it} + \sum \gamma X_{it} + \lambda_t + \mu_i + \xi_{it} \quad (6-1)$$

(6-1) 中，Y_{it} 表示第 i 个农村女性劳动力在第 t 期的就业选择，当 $Y_{it}=1$ 时，分别表示农村女性劳动力选择受雇型就业、服务行业就业和外地就业；当 $Y_{it}=0$ 时，分别表示农村女性劳动力选择自雇型就业、非服务行业就业和本地就业。$Digital_{it}$ 表示第 i 个农村女性劳动力在第 t 期的数字素养水平；X_{it} 表示相关的个体和家庭控制变量；λ_t 表示时间固定效应，μ_i 表示个体固定效应，控制农村居民不随时间变化的固定特质。ξ_{it} 为随机干扰项。此时核心解释变量为数字素养，本研究重点关注系数 β_1，如果数字素养变量的系数 β_1 显著为正，则说明数字素养有助于农村女性劳动力就业选择，验证前文所提的假说。

（2）机制验证模型。为进一步研究数字素养对农村女性劳动力就业选择可能的影响机制，在（6－1）的基础上，借鉴江艇（2022）的建议，引入（6－2）的机制验证模型。

$$M_{it} = \alpha_0 + \alpha_1 Digital_{it} + \sum \beta X_{it} + \mu_i + \gamma_i + \xi_{it} \quad (6-2)$$

（6－2）中，M_{it}为机制变量，包括信息渠道、社会资本和工作自主性。其他变量与系数与（6－1）相同。

6.3　实证结果分析

6.3.1　数字素养对农村女性劳动力就业选择的影响

在面板数据分析前，本研究进行了 Hausman 检验，以确定模型中涉及的非观测因素是固定效应还是随机效应，然后确定合适的模型形式。本章运用 Stata16 软件分别对就业选择的各维度进行回归分析，固定效应回归分析更适合本研究。表 6－2 为数字素养对农村女性劳动力就业选择的影响的估计结果。模型（1）～模型（3）分别为数字素养对就业选择不同维度的回归结果，研究结果显著。总体而言，数字素养对就业类型选择、就业地选择和就业行业选择的影响均为正向显著，其对就业行业选择的影响最显著。

由表 6－2 中模型（1）可知，数字素养对就业类型的影响显著且系数为正，表明数字素养总体上促进农村女性劳动力受雇就业。由此可以看出，农村女性劳动力数字素养水平越高，自雇就业的可能性越低，其原因可能是数字素养增加了农村女性劳动力对市场信息的了解程度，并强化了她们的风险识别能力，提高了农村女性劳动力自雇的风险认知，为了有稳定的收入来源，农村女性多选择受雇就业，降低了自雇就业的可能性。因此，提高数字素养能有利于受雇型就业。基于以上分析，假说 H1 得到初步检验。

由表 6－2 中模型（2）可知，数字素养对就业行业的影响显著且系数为正，表明数字素养总体上增加了农村女性劳动者从事第三产业的可能性。由此可以看出，农村女性劳动力数字素养水平越高，在服务业就业的可能性越高，其原因可能是数字素养更新了农村女性劳动力对就业的认知，从而对就业环境提出了更高的期望，相比较而言，第一产业和第二产业对体力和精力要求更高，尤其是农、林、牧、渔行业，劳动收益存在较大不确定性，理性经济人假设条件下，农村女性劳动力更倾向于规避可能的风险，选择确定性和灵活性相对较高的服务业就业。因此，提高数字素养有利于农村女性劳动力选择服务业就业。基于以上分析，假说 H3 得到初步检验。

由表 6-2 中模型（3）可知，数字素养对就业地区的影响显著且系数为正，表明数字素养总体上促进了农村女性劳动外地就业的可能性。由此可以看出，农村女性劳动力数字素养水平越高，越倾向于在县域以外的地方就业，其就业半径有所扩大。原因可能是数字素养的人力资本效应显现，数字素养帮助农村女性获得知识与技能的积累，提高了自身不易替代就业技能的优势。由于城市的就业市场需求旺盛，很容易匹配到就业岗位，而且大城市生活设施更加方便，更容易获得教育资源和社会保障，收入也不低。在教育竞争压力和子女精细化养育背景下，很多农村女性劳动力为了收入和子女教育资源同质化获取，倾向选择在大城市就业。因此，提高数字素养能促进农村女性劳动力选择外出就业。基于以上分析，假说 H3 得到初步检验。

表 6-2　数字素养对农村女性劳动力就业选择的影响

变量名称	模型（1） 就业类型	模型（2） 就业行业	模型（3） 就业地区
数字素养	0.204** (0.090)	0.380** (0.116)	0.311*** (0.051)
婚姻状态	0.275** (0.128)	−0.116 (0.206)	0.336** (0.119)
年龄	−0.215* (0.110)	−0.034 (0.071)	−0.126 (0.112)
年龄的平方/100	0.002* (0.001)	0.197** (0.102)	0.002** (0.001)
文化程度	0.033** (0.011)	0.044** (0.021)	0.040** (0.020)

（续）

变量名称	模型（1） 就业类型	模型（2） 就业行业	模型（3） 就业地区
健康状况	0.179** (0.077)	0.019 (0.057)	0.405*** (0.081)
家庭人均经济水平	0.013*** (0.088)	0.167 (0.205)	0.333 (0.206)
家庭居住类型	0.394** (0.114)	0.047*** (0.013)	0.175 (0.116)
0～15 岁子女数量	0.089 (0.157)	0.083 (0.088)	−0.204** (0.100)
时间固定效应	控制	控制	控制
地区固定效应	控制	控制	控制
LR/Wald chi^2	132.19***	72.86***	97.76***
Log likelihood	−747.406	−885.675	−686.418
观测值	1 442	1 442	1 442

注：括号内为稳健标准误；*** 、** 和 * 分别表示数据在 1%、5%和 10%的水平上显著。

控制变量对农村女性劳动力就业选择也有重要的影响。在个体特征方面，婚姻状态对就业类型存在正向显著影响，即如果农村女性劳动力处于已婚状态，其受雇的可能性更高。可能是因为在农村，女性在结婚后，需要承担生育、养育、家务照料等家庭责任，降低了自雇就业的可能性。婚姻状态对就业地区的选择估计系数为正，表明已婚农村女性劳动力更倾向于在本地就业，原因可能是家庭照料及子女教育“陪读”的需要。年龄对就业选择的影响系数与年龄的平方对就业选择的影响系数相反，表明年龄与就业选择成 U 形关系，随着年龄的增长，农村女性劳动力的就业选择行为皆不同。教育对农村女性劳动力就业类型、就业行业和就业地区选择的估计系数都显著为正，说明受教育程度越高，受雇就业、服务业就业和外地就业的可能性更高，表明在数据经济时代，农村劳动力教育水平仍然是一项重要的人力资本。在家庭特征方面，人均收入水平对就业类型的估计系数为正，表明农村女性劳动力拥有的家庭财富越多，越有可能从事受雇型就业。而家庭居住方式对就业类型影响的估计系数为正向显著，表明三代及以上家庭类型有利于农村女性劳动力受雇就业。家庭中 0～15 岁子女数量对就业地区选择系数为负向显著，意味着家庭需照料的子女越多，农村女性劳动力本地就业可能性越大。

6.3.2 内生性检验

面板数据的使用可以缓解内生性问题，但依然可能存在遗漏变量、反向因果等导致的内生性问题。本研究虽然控制了年龄、婚姻等特征变量，但农村女性的就业质量可能还受到情绪、观念等无法观测变量的影响。另外，也存在反向因果关系的可能，即一方面数字素养水平的提高影响了就业选择，另一方面就业选择对农村女性劳动力的数字素养有更高的要求，从而导致估计结果有偏差。因此，为克服可能存在的内生性问题，需要找寻适合的工具变量。

目前，学界尚未有比较合理的方法处理非线性面板数据，为提高研究的严谨性，本研究采用 Eprobit 模型（Extended regression model，ERM）处理内生性问题。由于与数字素养相关的研究不多，依据数字能力、互联网使用、移动支付等相关研究使用的工具变量，借鉴陆镜名（2023）的研究，本研究选取村级层面的互联网普及率为工具变量。根据工具变量的使用要求，在相关性上，村级层面互联网普及率基本上能反映出当地数字基础设施的建设情况和当地居民使用互联网的方便程度，与数字素养具有很高的相关性。在外生性条件上，村级层面的互联网普及率是宏观层面的条件，对个体的就业质量难以产生直接影响，满足外生性要求。因此，村级层面互联网普及率满足了工具变量的相关性条件和外生性条件，选择这个工具变量可取。

表 6－3 汇报了采用线性回归模型（Eprobit）进行农村女性劳动力就业选择的内生性处理结果。每列的第一阶段是工具变量对就业选择的回归结果，每列第二阶段是控制内生性问题后，数字素养对就业选择的影响。结果显示，数字素养与工具变量具有显著正相关关系，表明工具变量与数字素养之间存在相关性。两阶段回归的残差项相关系数显著，表明模型具有内生性，有必要采用 Eprobit 模型。模型的第二阶段回归结果显示，数字素养对就业类型、就业行业和就业地区的选择影响系数均显著为正，且

就业类型的影响系数高于基准回归系数。这表明，解决内生性问题，提高了数字素养对就业类型的正向作用，就业行业选择和就业地区选择与主回归的检验结果基本一致，证明了采用工具变量法的可靠性。基于此，假说H1、假说H2和假说H3得到进一步验证。

表6-3 内生性处理结果

变量	模型（1）就业类型（IV-eprobit）		模型（2）就业行业（IV-eprobit）		模型（3）就业地区（IV-eprobit）	
	第一阶段	第二阶段	第一阶段	第二阶段	第一阶段	第二阶段
数字素养		0.333*** (0.075)		0.332*** (0.070)		0.169** (0.083)
工具变量	2.020*** (0.395)		2.020*** (0.395)		2.020*** (0.395)	
控制变量	控制	控制	控制	控制	控制	控制
时间固定效应	控制	控制	控制	控制	控制	控制
地区固定效应	控制	控制	控制	控制	控制	控制
Log likelihood		−3 153.641		−3 000.175		−2 949.670
Prob>*chi*^{2}		0.000		0.000		0.000
残差项相关系数		−0.053*** (0.010)		−0.168** (0.077)		−0.087** (0.040)
观测值	1 422	1 422	1 422	1 422	1 422	1 422

注：括号内为稳健标准误；***、**和*分别表示数据在1%、5%和10%的水平上显著。

6.3.3 稳健性检验

为进一步验证主回归结果的稳健性，本研究使用如下两种方法进行稳健性检验。①更换解释变量。根据前文对数字素养的定义，数字素养是数字资源深度使用的能力，源自个体对数字技术的重视程度。本研究借鉴王杰等（2022）的稳健性检验方法，选取互联网使用对学习、社交、娱乐和商业活动的重要程度替换数字素养。在问卷中，由“使用互联网对学习的重要程度”“使用互联网对社交的重要程度”“使用互联网对娱乐的重要程度”“使用互联网对商业活动的重要程度”来体现，重要程度从非常不重要到非常重要赋值1～5分，采用数据标准化处理方法，获得替换后变量的指数，再通过面板Logit模型分别对就业性质、就业类型、就业行业和就业地区选择进行回归分析，结果如表6-4模型（1）所示。互联网使用对学习、社交、娱乐和商业活动的重要程度对就业性质和就业类型的选择都通过了1%水平的显著性检验，替代的解释变量与数字素养得到的结果一致。②更换估计方法。由于就业选择为0—1虚拟变量，在前文面板基准回归分析的基础上，为保证结果的可靠性，将估计方法替换为面板Probit模型作为参照，由表6-4模型（2）可知，估计结果依然是正向显著，与主回归结果一致。故本研究具有稳健性。

表6-4 稳健性检验结果

变量	模型（1） 更换解释变量 面板 logit			模型（2） 更换估计方法 面板 probit		
	就业类型	就业行业	就业地区	就业类型	就业行业	就业地区
数字技术重视程度	0.207** (0.066)	0.345*** (0.041)	0.104** (0.040)			
数字素养				0.123** (0.053)	0.223** (0.068)	0.299*** (0.064)
控制变量	控制	控制	控制	控制	控制	控制
时间固定效应	控制	控制	控制	控制	控制	控制
地区固定效应	控制	控制	控制	控制	控制	控制
Wald chi^2	122.18***	66.51***	115.42***	133.68***	76.87***	107.85***
Log likelihood	−744.509	−888.731	−694.793	−748.947	−885.668	−684.975
观测值	1 442	1 442	1 442	1 442	1 442	1 442

注：括号内为稳健标准误；***、**和*分别表示数据在1%、5%和10%的水平上显著。

6.3.4 机制分析

经过上述分析可知，数字素养对农村女性劳动力就业选择具有显著的影响。然而，这种影响是如何产生的呢？理论分析表明，在就业类型方面，农村女性劳动力借助数字素养，获得更广的信息渠道，掌握更多就业与保障的信息，更容易实现人与岗位的匹配，提升受雇就业的可能性。在就业行业方面，数字素养提高了农村女性劳动力灵活就业的可能，技能优势更加明显，不易被替代，使得农村女性在服务业就业可能性增加。即农村女性数字素养高，在承担家庭责任之余，选择灵活的服务业就业的概率更高。数字素养拓宽了农村女性劳动力家庭关系之外的社会网络，使外出找工作的可能性增加。因此，本研究拟探究数字素养影响农村女性劳动力就业选择的内在机理。

机制分析结果如表 6－5 所示。由表 6－5 模型（1）可以看出，数字素养影响信息渠道拓展的回归系数为 0.438，有正向显著性，表明了数字素养的信息渠道效应，说明数字素养和信息渠道对农村女性劳动力的就业类型选择具有正向积极影响，促进了农村女性受雇就业。由模型（2）可以看出，数字素养影响工作自主性的回归系数为 0.192，数字素养和工作自主性对农村女性劳动力的就业行业选择具有正向显著影响，说明数字素养提高了农村女性劳动者的工作自主性，进而对就业行业的选择产生影响。由模型（3）可以看出，数字素养影响社会资本的回归系数为 0.050，有正向显著性，表明数字素养和社会资本对农村女性外地就业有促进作用。综上所述，数字素养对就业选择的影响机制得以验证。基于此，假说 H4a～H4c 得到检验。

表 6－5　机制检验结果

变量	模型（1） 就业类型机制分析 信息渠道拓展	模型（2） 就业行业机制分析 工作自主性	模型（3） 就业地区机制分析 社会资本
数字素养	0.438*** (0.049)	0.192** (0.067)	0.050*** (0.010)
控制变量	控制	控制	控制
地区固定效应	控制	控制	控制
时间固定效应	控制	控制	控制
Wald chi^2/R^2	445.11***	48.06***	0.212
Log likelihood	−1 508.581	−866.143	
观测值	1 442	1 442	1 442

注：括号内为稳健标准误；***、** 和 * 分别表示数据在 1%、5% 和 10% 的水平上显著。

6.3.5 异质性分析

根据上文的研究，数字素养会正向影响农村女性劳动力就业选择。由于家庭特征、个体特征存在差异，可能导致数字素养对其就业选择的影响也存在差异。因此，本研究从农村女性劳动力的自身特征出发，选择人均家庭纯收入、年龄和受教育程度三个变量，探究数字素养对农村女性劳动力就业选择的异质性影响。

(1) 家庭异质性分析。 根据样本的家庭人均纯收入是否大于样本中位数，将总体样本分为高人均收入组和低人均收入组。数字素养对就业选择影响的异质性结果如表 6-6 所示。由表 6-6 可知，在引入农村女性劳动力家庭人均纯收入变量后，数字素养对于高人均收入组的就业类型和就业地区选择的影响不显著，但对于低人均家庭纯收入组的就业类型和就业地区选择的影响显著，且对就业地选择的影响更加显著。可能的原因是高人均纯收入组的个体知识和信息已经有一定的储备，减弱了数字素养对就业选择的影响。低人均收入组的农村女性可能更希望通过数字素养的提升缩小数字鸿沟，获得更多就业选择机会。在就业行业选择方面，数字素养的影响力主要集中在高人均收入组，原因可能是高人均收入为农村女性提供了收入保障，使她们不愿意从事劳动强度大且时间缺乏弹性的第一产业和第二产业。

表 6-6 家庭异质性分析

变量	模型 (1) 就业类型		模型 (2) 就业行业		模型 (3) 就业地区	
	高人均收入	低人均收入	高人均收入	低人均收入	高人均收入	低人均收入
数字素养	0.067 (0.132)	0.344** (0.134)	0.430** (0.190)	0.437 (0354)	0.579 (0.372)	0.607*** (0.171)
控制变量	控制	控制	控制	控制	控制	控制
时间固定效应	控制	控制	控制	控制	控制	控制
地区固定效应	控制	控制	控制	控制	控制	控制
Wald chi^2	58.20	54.71	31.45	45.38	58.05	52.62
Log likelihood	−373.133	−368.166	−437.520	−449.503	−336.567	−337.402
观测值	702	720	702	720	702	720

注：括号内为稳健标准误；***、** 和 * 分别表示数据在 1%、5%和 10%的水平上显著。

(2) 年龄异质性分析。 不同年龄的农村女性劳动力个体的数字素养对就业选择行为也可能存在差异。根据前文的研究，将受访者年龄划分为两个组，16～43 岁的样本为一组，44～60 岁样本列为第二组，进行年龄的异质性检验。年龄的异质性检验结果如表 6-7 所示。从表 6-7 中可以看出，数字素养对农村女性劳动力就业类型的影响主要集中在 16～43 岁群体，可能是因为“80 后”青年农村女性劳动力接受能力更强，受数字技术应用的影响更大，更愿意通过数字技能帮助自己搜寻职业、行业等信息，从而利于自身受雇就业的选择。数字素养对就业行业选择的影响则集中在 44～60 岁群体，随着年龄的增加，农村女性对于第一产业和第二产业的工作能力和适应性下降，但年龄也赋予她们更丰富的工作经验，促进农村女性在第三产业就业。数字素养对农村女性劳动力就业地选择的影响主要集中在 16～43 岁群体，原因在于农村青年女性更愿意接受挑战，而不是局限于本地就业，更希望到就业机会更多和经济规模更大的外地从事工作。

表 6-7 年龄的异质性分析

变量	模型 (1) 就业类型		模型 (2) 就业行业		模型 (3) 就业地区	
	16～43 岁	44～60 岁	16～43 岁	44～60 岁	16～43 岁	44～60 岁
数字素养	0.682***	0.260	0.202	0.542***	0.538***	0.260**
	(0.137)	(0.216)	(0.161)	(0.135)	(0.141)	(0.116)
控制变量	控制	控制	控制	控制	控制	控制
时间固定效应	控制	控制	控制	控制	控制	控制
地区固定效应	控制	控制	控制	控制	控制	控制
Wald chi^2	49.50	97.04	17.73	41.59	58.90	97.04
Log likelihood	−461.073	−262.287	−568.200	−316.831	−499.304	−262.287
观测值	910	512	910	512	910	512

注：括号内为稳健标准误；***、** 和 * 分别表示数据在 1%、5%和 10%的水平上显著。

(3) 受教育程度异质性分析。 受教育程度不同，农村劳动力就业选择行为不同。本研究将样本中受教育年限少于 6 年的样本设为低文化程度组，将受教育年限大于 6 年小于 12 年的样本设为中文化程度组，将受教育年限大于13年的样本设为高文化程度组。就业选择的受教育程度异质性分析结果如表6-8所示。结果表明，数字素养对低文化程度组的就业类型和就业行业的选择影响均显著，对就业行业的影响更为显著。原因可能在于高文化程度组的知识储备和数字技能优势明显，数字素养影响微弱。低文化程度组可塑性更强，有一定文化程度，具备数字学习的知识基础，但知识资本不足，更加充分地利用了数字素养对就业的帮助。数字素养对就业地选择的影响主要集中于高文化程度组，比较而言，受教育程度越高的农村女性往往学习能力越强，外出就业的可能性较大，对于各种数字资源也有技术能轻松驾驭，利于发挥数字素养对就业地选择的作用。因此，基于以上分析，数字素养在家庭特征、个体特征方面存在异质性影响，研究假说H5得到验证。

表6-8 教育年限的异质性分析

变量	模型（1）就业类型		模型（2）就业行业		模型（3）就业地区	
	低文化程度	高文化程度	低文化程度	高文化程度	低文化程度	高文化程度
数字素养	0.374**	−0.210	0.406**	0.463	−0.370	0.508***
	(0.129)	(0.16)	(0.1145)	(0.562)	(0.371)	(0.119)
控制变量	控制	控制	控制	控制	控制	控制
时间固定效应	控制	控制	控制	控制	控制	控制
地区固定效应	控制	控制	控制	控制	控制	控制
Wald chi^2	79.17	63.69	37.99	9.96	55.23	66.09
Log likelihood	−397.853	−294.194	−472.901	−399.812	−278.472	−377.829
观测值	731	691	691	731	731	691

注：括号内为稳健标准误；***、**和*分别表示数据在1%、5%和10%的水平上显著。

6.4 进一步分析

进一步对数字素养进行拆解，分析不同维度的数字素养对农村女性劳动就业选择的影响，估计结果如表6-9所示。结果显示，四个维度的数字素养对农村女性劳动力就业选择的影响各有差异。由表6-9可知，数字设备使用素养、数字社交素养和数字商业素养对就业类型选择的回归系数均显著为正，说明数字素养这三个不同维度对农村女性劳动力就业类型均存在显著正向作用，且促进作用的大小顺序为数字社交素养>数字设备使用素养>数字商业素养，其中数字社交素养的促进作用最大。可能的原因是：首先，随着农村电商的发展和农村物流“最后一公里”的逐步完善，数字商业素养使部分农村女性能发掘出可能的商业机会，利用数字技术从事非农经济活动，分享数字利益。其次，数字设备使用素养和数字社交素养利于农村女性劳动力低成本的社会资本的积累，从而促进了非农受雇性就业的可能。在数字素养各维度对就业行业选择的影响中，数字社交素养和数字商业素养影响显著，数字社交素养强化了除家庭之外的社交网络，农村女性相互交流就业信息的机会更多。最后，数字学习素养和数字商业素养对就业地选择的影响尤为显著，可能是因为数字学习素养提高了知识和技能水平，增加了人力资本，提高了就业能力，从而扩大了农村女性就业的半径。数字商业素养越高，意味着农村女性越能灵活使用数字技术进行交易活动，相对而言，城市的各种数字交易环境比农村本地更好，因此促进了农村女性外出就业的可能。

表 6-9　不同维度的数字素养对农村女性劳动力就业选择影响结果

变量	就业选择		
	就业类型	就业行业	就业地区
数字设备使用素养	0.580** (0.240)	0.527 (0.348)	0.213 (0.379)
数字学习素养	−0.027 (0.156)	0.108 (0.177)	0.601*** (0.176)
数字社交素养	0.318** (0.122)	0.476** (0.178)	0.320 (0.257)
数字商业素养	0.364*** (0.080)	0.575** (0.202)	0.446** (0.184)
控制变量	控制	控制	控制
时间固定效应	控制	控制	控制
地区固定效应	控制	控制	控制

（续）

变量	就业选择		
	就业类型	就业行业	就业地区
Wald chi^2	154.73**	75.83**	106.88**
Log likelihood	−734.079	−883.491	−681.215
观测值	1 442	1 442	1 442

注：括号内为稳健标准误；***、** 和 * 分别表示数据在 1%、5%和 10%的水平上显著。

6.5 本章小结

本章在理论分析数字素养与农村女性就业选择关系的基础上，采用 2018 年和 2020 年中国家庭追踪调查数据（CFPS），验证了数字素养对农村女性劳动力就业选择的影响，并通过机制分析，揭示了数字素养对农村女性劳动力就业选择的传导机理，并基于家庭特征和个体特征差异分析了其异质性影响，结论如下。

第一，数字素养对农村女性劳动力的就业类型、就业行业和就业地区的选择都具有显著的作用，对就业行业选择的影响更大。控制变量方面，婚姻状态对就业类型存在正向显著影响，对就业地区的选择估计系数为负。年龄对就业选择的影响系数与年龄的平方对就业选择的影响系数相反。教育对农村女性劳动力就业选择的估计系数都显著为正。人均收入水平对就业类型的估计系数为正。家庭居住方式利于农村女性劳动力的受雇就业。家庭中 0～15 岁子女数量对就业地区选择为负向显著。研究结果进行工具变量法及稳健性检验后，研究结论仍然成立。

第二，信息渠道拓展对农村女性劳动力的就业类型有显著正向影响，提高数字素养水平有利于信息渠道拓展。信息渠道是数字素养提升受雇就业选择的重要传递机制。工作自主性对农村女性劳动力的就业行业选择有显著正向影响，数字素养水平有利于工作自主性的提高，从而提升服务业就业选择的可能，工作自主是数字素养与就业行业选择的重要传递机制。社会资本对农村女性劳动力的就业地选择有显著正向影响，数字素养提高了个体的社会资本，有力促进了外出就业，社会资本是数字素养提高外出就业可能性的重要传递机制。

第三，数字素养对就业选择的影响，因农村女性劳动力家庭特征和个体特征的差异而存在异质性。首先，数字素养对于低人均收入组的就业类型和就业地选择影响显著。在就业行业选择方面，影响力主要集中在高人均收入组。其次，数字素养对农村女性劳动力就业类型和就业地选择的影响主要集中在16～43岁群体，对就业行业选择的影响则集中在44～60岁群体。最后，数字素养对低文化程度组的就业类型和就业行业的选择影响均显著，对就业地选择的影响主要集中于高文化程度组。

第四，对不同维度的数字素养对农村女性劳动力就业选择的影响进行分析发现，四个维度的数字素养对农村女性劳动力就业选择的影响各有差异。数字设备使用素养、数字社交素养和数字商业素养对就业类型选择的回归系数均显著为正。在数字素养各维度对就业行业选择的影响中，数字社交素养和数字商业素养影响显著。数字学习素养和数字商业素养对就业地选择影响尤为显著。

7 数字素养对农村女性劳动力就业质量的影响

农村女性劳动力是就业市场的一支重要力量。但存在参与率低、就业行业层次偏低、工作不稳定和隐性就业歧视等现象。2018 年以来，历年的中央经济工作会议都把“稳就业”摆在突出位置，“十四五”规划也明确提出突出农村女性的就业优势，消除就业性别歧视，全力提升女性的就业质量。实现农村女性劳动力就业质量的提高，除了政策优化支持，更需要寻求技术支撑。时值农村数字化蓬勃发展，农民数字素养得到很大提高，数字素养是否有利于农村女性劳动力就业质量提升呢？如果能，其作用机制是什么？厘清这个问题对深化劳动力市场理论研究和促进农村女性劳动力高质量就业具有重要的现实意义。

关于数字素养与就业质量两个综合变量间的关系，相关的研究是从互联网使用或数字化对农村劳动力就业质量的某个方面展开，如工资收入、创业机会、职业能力、劳动强度和工作安全性等的影响（何婧，2019；Acemoglu et al.，2020；侯俊军等，2020）。本研究从客观就业质量和主观就业质量两方面讨论农村女性就业质量，并从多维度将就业质量综合化，专门研究数字素养与其之间的关系。从已有研究来看，相关文献还不多见。数字素养作为一种数字技术使用能力，可能是影响农村女性劳动力就业质量的重要因素。基于此，本章的目的就是探讨农村女性劳动力的数字素养对就业质量的影响，并探讨数字素养影响农村女性劳动力就业质量的作用机制。

7.1 理论分析与研究假说

7.1.1 数字素养对客观就业质量影响的理论分析与研究假说

(1) 数字素养与农村女性劳动力客观就业质量的关系分析。结合相关文献，本研究中客观就业质量由多维度的指标体现，包括工作收入、工作稳定性、工作保障、工作强度。学者们提出了众多就业质量的影响因素，但从可行能力来看，个体素养和综合能力的缺失是导致就业质量低的根本原因，这就意味着，要更多从能力维度探讨就业质量。

基于客观就业质量的多维度体现，数字素养对客观就业质量的促进作用体现在以下方面。①在工作收入方面，农村女性劳动力数字素养越高，对数字平台的利用频率越高，增加了提高自身就业能力的可能性，在完全竞争的劳动力市场上，能提高对工作收入的议价能力（尤其是农村技能型女性劳动力）。已有研究也表明，劳动者在工作中使用数字资源不仅可以显著提升个体劳动生产率，而且在劳动力市场中工资溢价效应更明显（Dimaggio et al.，2008），对数字素养高的农村劳动力的工资收入具有很明显的促进效应（曹静等，2018）。②在工作稳定性方面，高数字素养的农村女性劳动力打破了以亲缘、血缘、地缘为纽带的社交网络地域空间限制，能快速实现职业搜寻，同时，更能满足用人单位技能型人才的需求，最终有利于提高劳动力正规就业概率，即使在对现有工作不满意时，也可以快速、便捷地寻找到更为优越的就业岗位。然而，对于低数字素养的农村女性劳动力，可能因工作重复性高而被替代，从而减少自身就业的机会（郭东杰等，2022）。同时，高数字素养农村劳动力善于利用平台上的学习资源、信息资源和经验分享等本领，对个体的市场竞争力和工作效率具有显著的正向影响，有利于增强个体工作的稳定性（杨蕙馨等，2013）。另外，在数字经济与实体经济的相互融合下，农村女性劳动力也更容易及时就业，如快递助手、外卖骑手、视频分享博主、直播带货等职位（田鸽等，2022），从而保证了工作的连续性。③在工作保障方面，数字经济时代互联网是信息媒介，智能手机和电脑终端时刻都在更新海量信息，传播了就业市场、社会保障、劳动合同法等相关知识，大数据更是实现了精准推送，加强了农村女性劳动力对就业政策的了解，激发了其对就业权益保护、社会福利保障的意识，引导农村女性劳动力争取合法权益，更好获得劳动保障（张家平，2018；张世虎等，2020）。④在工作强度方面，数字素养与工作方法密不可分，不仅可能提升工作效率，还有可能提高工作质量（Chen 等，2017）。具体可以描述为数字素养高的农村女性劳动力能顺畅适应数字环境，利用智能手机、线上会议等实时跟进工作，减弱了就业时间、地点的限制（张卫东等，2021），降低了日常劳动强度，利于提高工作质量（李飚等，2021）。对于适龄农村女性劳动力来说，数字素养是新的就业技能，数字素养积累越多，越利于工作质量的提高。基于以上分析，提出以下假说。

假说 H1：数字素养对农村女性劳动力客观就业质量具有促进作用。

（2）数字素养与农村女性劳动力客观就业质量作用机制分析。首先，信息渠道拓展对农村女性劳动力客观就业质量的影响。现有文献非常重视信息渠道拓展对就业的影响，信息渠道作为信息的载体，在劳动力就业质量提升中发挥着重要作用（Stam 等，2014）。较多文献显示信息渠道拓展对农村劳动力的非农就业收入、工作稳定性、工作保障等方面有重要影响（杨志海等，2023；张莉娜等，2021）。其次，高水平的数字素养拓宽了农村女性劳动力的信息渠道和社交网络的边界，增加了农村劳动力获取信息的途径和信息量，同时也缓解了信息不对称带来的信息搜寻成本增加和搜寻时间延长，有利于农村女性劳动力获得多样化、高回报的就业信息。最后，信息渠道的拓宽促进了农村劳动力客观就业质量提高。信息是生产和服务的关键资源，数字平台的信息具有量大、表现形式丰富和定制化等优点，充足和对称的就业信息促进了农村女性劳动力匹配优质就业资源，为农村女性劳动力获得全面、广泛和有效的就业信息提供帮助，提高了人与岗位的匹配度，进而改善工作收入和工作的稳定性等。同时，还可以帮助农村女性劳动力利用业余时间以较低的成本获取学习和技能提升机会，提高个人在劳动力市场的竞争优势，进而提升客观就业质量。理论上来说，象征数字使用能力的数字素养水平越高，越可能有效利用数字技术的信息传播效应，获得更高质量的就业岗位。基于此，本书提出以下假说。

假说 H2：农村女性劳动力通过提升数字素养拓展信息渠道，提升客观就业质量。

其次，社会资本对农村女性劳动力客观就业质量的影响。布迪厄（1974）认为，社会资本是与相互默许或公认关系的持久网络相关的实际或潜在资源的集合，是个体与团体相互交互的过程。数字生活背景下，数字网络是社会资本的重要载体（张思阳等，2020），在以亲情、友情为纽带建立的农村人情关系中发挥着非常重要的作用（田北海等，2013）。具体而言，其一，社会资本实现了就业岗位信息共享，降低了农村女性就业搜寻的时间和成本。农村女性劳动力就业优势不明显，通常情况下，会优先考虑亲友和同乡的关系网络，直接获得可靠且精准的用人信息，提高了快速和优质就业的概率。从用人单位角度看，基于熟人关系建立的信任关系更可靠，节约了企业人员招聘成本，也更加利于用人单位全面了解劳动者的个人和就业能力情况，利于岗位与人的匹配，更愿意支付较高的薪酬（任义科等，2015），进而利于工作稳定性的提高。其二，社会资本提高了农村女性的就业积极性。随着户籍制度的改革和城乡融合的深度发展，农村女性劳动力的身份认同和性别平等已得到较多改善，但由于自身文化水平、家庭生育或家庭照料等原因，农村女性劳动力依然面临着就业歧视。社会资本承载了农村女性的社会关系网络和社会信任，随着人情来往关系的加深，有助于农村女性建立更高的自信心和影响力，一定程度上激励了就业的积极性，更加利于其职业发展。也就是说，社会资本有利于农村女性获得优质工作，也利于她们提高工作积极性和工作效率，进而能对客观就业质量的提高有积极作用。基于以上分析，本书提出以下假说。

假说 H3：农村女性劳动力通过提升数字素养增加社会资本，提升客观就业质量。

最后，数字素养对农村女性劳动力客观就业质量的影响存在异质性。根据前文理论框架，数字素养对农村女性劳动力客观就业质量的影响主要通过信息渠道拓展和社会资本增加的途径展开。但数字素养对农村女性客观就业质量的影响也因人而异，数字素养对其产生的客观就业质量提升效应会表现出明显的异质性（王宝顺等，2024）。一般来讲，农村年轻女性对新事物更有兴趣，接受程度也会更高，从数字素养中受益的可能性也更大，可以更好利用数字素养的改善提高客观就业质量。受教育程度高的农村女性能更好地获得科技红利，使得自身能在就业市场上更具有竞争力。因此，对于不同个体特征的农村女性劳动力来说，数字素养对其客观就业质量的影响存在显著异质性。基于此，提出以下研究假说。

假说 H4：数字素养对农村女性劳动力客观就业质量的影响存在异质性。

基于上述分析，本书构建了数字素养对主观就业质量影响的理论框架，如图 7-1 所示。

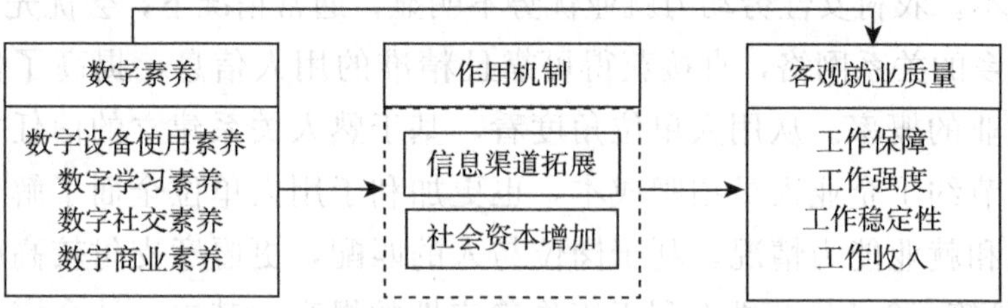

图 7-1　数字素养与客观就业质量的理论框架

7.1.2　数字素养对主观就业质量影响的理论分析与研究假说

关于主观就业质量的研究，学界在个体层面、工作层面和组织层面进行了较多的探索。除了上述因素外，数字素养也可能是影响农村女性劳动力主观就业质量的重要因素。数字技术的使用（如互联网的使用）对主观就业质量的影响较为丰富，关于互联网的使用对主观就业质量影响的结论，学界并未达成一致，存在积极作用与消极作用并存的说法。究其原因，一方面可能是因为互联网的使用并非数字技术的深入使用，也没有意识到互联网带来的人力资本效应，对于农村劳动力个体而言，可能更多接触的是互联网带来的娱乐功能，而娱乐消退就是空虚和迷茫，甚至不平衡的心理状态，进而对自身工作满意度产生消极影响。另一方面，缺乏深入利用互联网获得有效信息、知识和技能，用于改善生活和调节就业活动。因此，数字素养是一种深入的数字技术能力，应培养农户数字素养，使之成为提升农户主观就业质量的重要手段。在此背景下，个体数字素养能力与其就业质量之间的关系逐渐引起国内外现有研究的重视。

（1）数字素养与农村女性劳动力主观就业质量的关系分析。本研究中主观就业质量由工作整体满意度体现。学者们提出了众多主观就业质量的影响因素，但个体素养和综合能力的缺失是导致主观就业质量低的根本原因。互联网的使用对农村劳动力主观就业质量的影响的研究较多，且研究结论有两种，一是认为互联网的使用提高了农村劳动力工作满意度。学者们主要从社会资本及人力资本视角展开分析，农户通过资本积累提高了工作匹配度和工作收入，从而提升了工作满意度（刘传江等，2018；毛宇飞等，2021）。二是认为互联网的使用降低了农村劳动力工作满意度，原因是数字技术的使用替代了部分劳动力资源，打破了原来的重复性的就业方式，导致低技能劳动者无法适应新变化，甚至面临失业风险，从而降低了工作满意度（林龙飞等，2021）。虽然存在不同研究结论，但数字素养不同于互联网的使用，它是个体在现代社会必须学习和具备的一种长期能力。数字素养赋予了个体数字技术的各方面使用能力，借助数字经济规模扩大能有效提升农村劳动力的工资收入水平（李梦娜，2023），有助于缓解农村劳动力对收入的担忧，利于主观就业质量改善。数字设备用户的数字素养能显著促进个人信息安全保护行为，增强了个体的心理安全感（曹振祥，2023）。针对女性群体的研究认为，数字素养不仅改善了女性生计，还提高了信息技术在就业中的赋权，促进了性别平等和社会公正（卜卫等，2023）。另有研究认为，提升农村劳动力的数字素养有利于促进其创业，提高了个体就业的自主性（李晓静，2022）。基于以上分析，本研究认为数字素养是新的就业技能，数字素养积累得越多，越利于工作满意度的提高。因此，提出以下假说。

假说 H5：数字素养对农村女性劳动力主观就业质量具有促进作用。

（2）数字素养与农村女性劳动力主观就业质量作用机制分析。数字素养会通过相对收入评价弱化数字素养对农村女性劳动力主观就业质量的影响。相对剥夺理论认为当个体的主观感受与他人比较后，如果发现自己处于劣势，那么将会产生剥夺感，从而导致对自己评价的下降。这种剥夺感在收入评价上体现得较为明显。现有研究表明，收入是影响个体主观感受的关键因素之一（凌珑，2022）。在实际收入不改变的情况下，研究对象与参照对象进行比较获得相对收入感受，影响对工作的评价。数字素养在信息传播上的优势为相对收入的比较提供了基础。首先，数字素养推进了个体对公共网络平台内容的关注，然而，平台上呈现的各种过分夸大、强调物质生活的现象层出不穷，容易引起心理不平衡，不利于个体对自身收入的评价。有研究证实，数字生活中，个体通过互联网设施、设备的便利使用，增强了大众媒体对生活方式和观念的影响，改变了个体收入比较的参照对象（Nguyen，2021），较传统的通过亲缘和地缘或自身过去收入情况进行比较而言（Li et al.，2010），研究对象更倾向于与其他地区成功且收入高的人士等进行比较。这种比较强化了攀比的心理，进而使个体感到不公平和失落，降低了对自身实际收入水平的评价（封铁英等，2022）。根据公平理论，对劳动者工作满意度产生实质影响的并不是绝对收入，而是其收入比较后的感知差距（Adams，1965）。社会比较给劳动力带来的不公平感，直接影响个体的工作满意度的评价也被证实（周浩等，2010；吴晶等，2023）。因此，推测相对收入水平的下降会弱化数字素养对农村女性劳动力满意度的影响，进而导致主观就业质量的下降。基于此，提出以下假说。

假说 H6：数字素养通过降低相对收入评价，进而减弱对农村女性劳动力主观就业质量的影响。

（3）数字素养对农村女性劳动力主观就业质量的影响存在异质性。根据前文理论框架，数字素养对农村女性劳动力主观就业质量的影响主要通过相对收入评价影响农村女性劳动力主观就业质量的途径展开。但数字素养对农村女性主观就业质量的影响也因人而异。受教育程度不同，对工作的预期也不同，数字素养对工作的主观感受也不一样。而作为家庭照料的主要承担者，人情往来压力越大，情感越牵绊，农村女性的工作压力越大，很大程度上影响了就业的主观感受（朱铭来等，2019）。因此，对于不同文化程度、年龄和家庭特征的农村女性劳动力来说，数字素养对其主观就业质量的影响存在显著异质性。基于此，提出以下研究假说。

假说 H7：数字素养对农村女性劳动力主观就业质量的影响存在异质性。

基于上述分析，本书构建了数字素养对主观就业质量影响的理论框架，如图 7－2 所示。

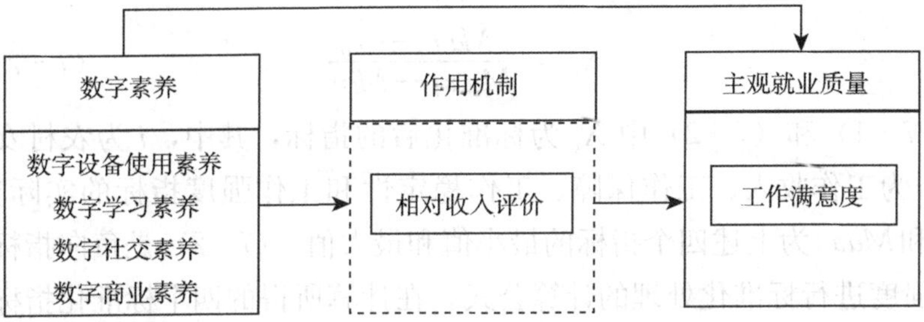

图 7－2　数字素养与主观就业质量的理论框架

7.2　变量设置与模型设计

7.2.1　变量设置

(1) 被解释变量。本章的目的是探讨农村女性劳动力数字素养对就业质量的影响，为全面考虑就业质量，本研究从客观就业质量和主观就业质量两方面进行分析。

在客观就业质量变量设置方面，借鉴梁海艳（2019）和胡斌红（2019）的研究，采用工作收入、工作强度、工作稳定性和工作保障四个维度衡量农村女性劳动力客观就业质量，由这四个维度构成客观就业质量综合指数。具体而言，工作收入采用月工资收入并取对数进行测度；工作强度采用周工作小时数进行测度；工作保障采用参加基本养老保险、基本医疗保险、失业保险、工伤保险、生育保险测度，至少参加一种保险取值为 1，否则取值为 0；工作稳定性采用是否签订劳动合同来测度，签订劳动合同取值为 1，没有签订取值为 0。在此基础上，参考 Leschke（2014）使用的就业质量指数测量，将工作收入、工作保障、工作稳定性进行正向标准化处理。由于工作强度与客观就业质量是负向影响，因此，将工作强度指标进行负向标准化处理，最后用等权平均法来计算农村女性劳动力就业质量指数，就业质量指数越高，表明农村女性劳动力的客观就业质量越高。借鉴明娟和王明亮（2015）的数据处理的方法，首先将就业质量的正向指标进行标准化处理，计算公式如（7－1）所示。

$$X_{ij} = \frac{x_{ij} - Min_j}{Max_j - Min_j} \tag{7-1}$$

$$X_{ij} = \frac{Max_j - x_{ij}}{Max_j - Min_j} \tag{7-2}$$

（7-1）和（7-2）中 X_{ij} 为标准化后的指标，其中，i 为农村女性个体，j 为工作收入、工作保障、工作稳定性和工作强度指标的实际数值，Min_j 和 Max_j 为上述四个指标的最小值和最大值。（7-2）是负向指标即对工作强度进行标准化处理的计算公式。在计算所得的四个标准化指标值的基础上，根据（7-3）采用等权平均法计算农村女性劳动力个体的就业质量指数。

$$Quality_i = \frac{1}{4}\sum_{j=1}^{4} X_{ij} \tag{7-3}$$

在主观就业质量变量设置方面，借鉴周烁（2021）的做法，采用对工作的整体满意度来衡量主观就业质量。具体来说，以问卷中的问题“总的来说，您对这份工作有多满意”进行测度，其回答包括“非常不满意”“比较不满意”“一般”“比较满意”和“非常满意”，将其依次赋值为1～5，数值越高，表明工作满意度越高。

（2）核心解释变量。根据上文对数字素养变量的刻画，数字素养包括数字设备使用素养、数字学习素养、数字社交素养和数字商业素养。具体度量同前文一样。其中，数字设备使用素养借助“是否使用手机或电脑上网”来测度，“是”赋值为1，否则为0。采用“是否使用互联网络学习（如搜索学习资料、上网络学习课程等）”和“使用互联网学习频率”来测度数字学习素养，将“否”和“从不”赋值0，“是”或其他使用频率赋值为1。数字社交素养借助“是否使用互联网络进行社交活动（如聊天、发微博等）”和“使用互联网社交频率”来测度，赋值方法与数字学习素养相同。数字商业素养借助“是否使用互联网络进行商业活动（如使用网银、网上购物）”和“互联网商业活动的频率”来测度，赋值方法与数字学习素养相同。在计算过程中将四个指标进行标准化处理，采用等权平均法将数字素养计算为一个代理指标即数字素养指数，数字素养指标越高，数字素养水平越高。

（3）机制变量。根据上述理论分析，研究中选择信息渠道、社会资本作为客观就业质量的机制变量。具体而言，借助问卷中“互联网获取信息的重要程度”衡量信息渠道拓展，1～5表示“非常不重要”到“非常重要”，数值越大代表信息获取拓展效应越强。有学者认为社会资本可从社会关系网络、社会信任、社交紧密度等角度衡量（张昱等，2011），也有研究采用单一指标对社会资本进行度量。我国是典型的熟人社会，人情支出是建立社会网络和关系的重要形式，体现了其社交范围和紧密度（叶静怡等，2014）。因此，本研究中借鉴杨志海等（2023）的做法，结合农村的实际情况，借助“每年家庭人情支出”衡量个体社会资本积累情况，数据做对数处理。根据主观就业质量的理论分析，参考已有的研究，选择相对收入评价作为主观就业质量的机制变量（陈卫民等，2023）。具体而言，借助“您的个人收入在本地属于什么水平”衡量相对收入评价情况，将很低至很高依次取值为1～5，得分越高，表明相对收入评价越高。

(4) 控制变量。为避免变量遗漏导致估计结果偏差，尽可能地控制相关影响变量。借鉴相关研究成果（肖小勇，2019；毛晶晶等，2020），本研究对个人特征变量、家庭特征变量进行控制。具体而言，个人特征变量包括婚姻状态、年龄、年龄的平方、受教育年限、健康状况、未来预期，就业类型、就业所在地和就业行业选择等；家庭特征变量包括人均收入水平、家庭结构类型、0～15岁子女数量。

(5) 样本描述分析。各变量定义及描述性统计结果如表7-1所示。表中展示了各变量定义及描述性统计结果。根据表7-1可知，样本的客观就业质量指数均值为0.426，可以看出，客观就业质量水平总体偏低，多数人的客观就业质量低于平均水平，意味着大部分人的客观就业质量位于中等偏下水平。工资收入对数指数均值为3.418，工作保障指数均值仅为0.485，工作稳定性指数均值为0.367，工作强度指数均值52.204，表明农村女性劳动力的工作收入偏低，工作强度偏高，就业保障和稳定性也偏低。样本的数字素养各维度中，数字商业素养指数均值水平最低，说明有较多的农村女性还未开始数字交易活动。数字的社交素养指数均值水平最高，表明农村女性社交素养有一定程度普及。总体来看，数字素养代理变量指数平均值为0.565，说明数字素养整体水平尚可，但数字能力和价值创造能力还有较大提升空间。在就业选择方面，就业类型选择指数均值为

0.736，表明大部分农村女性都是受雇就业。就业地区选择指数均值为 0.572，说明一半以上的农村女性选择外出就业。就业行业选择指数均值为 0.568，表明多数农村女性在服务业就业。样本中，其年龄平均为 41.980 岁，表明样本个体多属于青年群体。受教育程度平均年限为 9.198，表明样本个体受教育程度集中在初中水平。样本个体的身体健康状况指数均值为 4.066，说明一般及以上占比较高，可以看出样本的身体健康状况总体处于较好水平，且对未来信心较高。就家庭特征而言，样本人均收入对数指数均值为 4.387 元，表明收入总体处于偏低水平。家庭结构类型指数均值为 1.932，表明样本家庭以一代家庭和二代家庭居多，三代及以上家庭偏少。其中 0～15 岁子女数量平均为 0.538。

表 7-1　变量定义与描述

变量名称	变量度量	指数均值	标准差
客观就业质量	客观就业质量指数	0.426	0.238
工作收入	月工资收入的对数（元）	3.418	0.272
工作强度	周工作时长（小时）	52.204	16.019
工作保障	至少参加一种保险取值=1，否=0	0.485	0.499
工作稳定性	签订劳动合同取值=1，没有签订=0	0.367	0.295
主观就业质量	工作满意度评价，1～5 分表示“非常不满意”到“非常满意”	3.639	0.781
数字素养	数字素养多维代理指标	0.565	0.451
数字设备使用素养	是否使用手机或电脑上网，1=是；0=否；	0.804	0.294
数字学习素养	是否使用互联网络学习（如搜索学习资料、上网络学习课程等），1=是；0=否；	0.526	0.499
数字社交素养	是否使用互联网络进行社交活动（如聊天、发微博等），1=是；0=否；	0.755	0.430
数字商业素养	是否使用互联网络进行商业活动（如使用网银、网上购物），1=是；0=否；	0.476	0.494
信息渠道	互联网获取信息的重要程度，1～5 分表示“非常不重要”到“非常重要”	4.011	1.239
社会资本	每年家庭人情支出的对数（元）	2.027	0.289
相对收入评价	个人收入在本地属于什么水平，1～5 表示“很低”到“很高”	3.935	0.752

（续）

变量名称	变量度量	指数均值	标准差
就业类型选择	是否受雇，0＝否；1＝是	0.736	0.440
就业地选择	是否外地就业，0＝否；1＝是	0.572	0.419
就业行业选择	是否服务业，0＝否；1＝是	0.568	0.495
婚姻状态	1＝已婚；0＝未婚	0.790	0.407
年龄	户主实际年龄（岁）	41.980	10.076
年龄的平方/100	年龄的平方/100	17.811	8.646
文化程度	受教育年限	9.198	4.815
健康状况	1＝不健康；2＝不太健康；3＝一般；4＝健康；5＝非常健康	4.066	0.874
未来预期	未来信心程度：1～5 表示从很低到很高	4.054	0.865
家庭人均经济水平	全年人均家庭纯收入的对数（元）	4.387	0.345
家庭结构	居住类型，1＝一代家庭；2＝二代家庭；3＝三代及以上家庭	1.932	0.599
0～15 岁子女数量	0～15 岁子女数量（人）	0.538	0.762

7.2.2 模型设计

（1）客观就业质量回归模型构建。为实证检验数字素养对农村女性劳动力客观就业质量的影响，建立如下模型：

$$\varphi_{it} = \sigma_0 + \sigma_1 Digital_{it} + \sum \phi X_{it} + \lambda_i + \upsilon_i + \zeta_{it} \quad (7-4)$$

其中，φ_{it} 表示时间 t 内个体 i 的客观就业质量，$Digital_{it}$ 表示个体 i 在 t 年的数字素养水平，X_{it} 为与个体相关的控制变量，ζ_{it} 为随机扰动项，σ_0 为常数项，σ_1 和 ϕ 为待估计系数。本研究重点关注 σ_1，如果 σ_1 为正，说明数字素养有利于客观就业质量的改善。λ_i 为个体固定效应，ν_i 为年份固定效应。

（2）主观就业质量回归模型构建。为检验数字素养对农村女性劳动力的主观就业质量影响，本书建立了主观就业质量的决定模型。其中，主观就业质量属于 1～5 的排序数据，因此采用 Orderd Probit（简称“Oprobit”）模型进行基准回归分析。具体公式为：

$$Y_{it} = \alpha_0 + \alpha_1 Digital_{it} + \sum \beta X_{it} + \mu_i + \gamma_i + \xi_{it} \quad (7-5)$$

其中，Y_{it}表示时间t内个体i的主观就业质量，$Digital_{it}$表示个体i在t年的数字素养水平，X_{it}为与个体相关的控制变量，ξ_{it}为随机扰动项，α_0为常数项，α_1和β为待估计系数。本研究重点关注α_1，如果α_1为正，说明数字素养有利于主观就业质量的改善。μ_i为个体固定效应，γ_i为年份固定效应，ξ_{it}随机误差项。在Oprobit模型中，由于Y_{it}无法直接观测，需要潜变量Y_{it}^*，两者之间的数量关系如（7－6），其中C_1、C_2、C_3和C_4为临界值（切点）。

$$Y_{it} = \begin{cases} 1, & Y_{it} \leqslant C_1 \\ 2, & C_1 < Y_{it}^* \leqslant C_2 \\ 3, & C_2 < Y_{it}^* \leqslant C_3 \\ 4, & C_3 < Y_{it}^* \leqslant C_4 \\ 5, & C_4 \leqslant Y_{it}^* \end{cases} \quad (7-6)$$

（3）机制验证模型。为进一步研究数字素养对农村女性劳动力主客观就业质量可能的影响机制，在（7－4）和（7－5）基础上，借鉴江艇（2022）的建议，引入（7－7）的机制验证模型。如（7－7）所示：

$$M_{it} = \eta_0 + \eta_1 Digital_{it} + \sum \theta X_{it} + \omega_i + \tilde{\omega}_i + \psi_{it} \quad (7-7)$$

式中，M_{it}为机制变量，包括信息渠道拓展和社会资本评价和相对收入评价。其中，$Digital_{it}$表示个体i在t年的数字素养水平，X_{it}为与个体相关的控制变量，ψ_{it}为随机扰动项，η_0为常数项，η_1和θ为待估计系数。本研究重点关注η_1，如果η_1为正，说明数字素养与机制变量之间存在影响关系。ω_i为个体固定效应，$\tilde{\omega}_i$为年份固定效应，ψ_{it}随机误差项。

7.3 数字素养对客观就业质量影响的实证分析

7.3.1 基准回归结果分析

本研究使用基准回归模型考察数字素养对农村女性劳动力客观就业质量的影响。考虑到个体和时间因素可能带来的偏误，回归模型对个体因素和时间因素进行双向固定控制。采用逐步回归法进行估计，回归结果如

表 7－2 所示。模型（1）是未加入控制变量时，数字素养对客观就业质量的回归结果，模型（2）是加入个体控制变量并控制固定效应的回归结果，模型（3）是加入个体控制变量和家庭控制变量并控制固定效应的回归结果，模型（4）是在模型（3）的基础上，增加了个体就业选择变量并控制固定效应的回归结果。由模型（4）可知，数字素养与客观就业质量在 1% 的水平上存在正向显著关系，即农村女性劳动力数字素养每提高 1 个标准差，客观就业质量指数提高 13.5%。即便纳入了各系列的控制变量，1% 水平上的正向显著性仍然存在。由此可以看出，农村女性劳动力数字素养水平越高，客观就业质量高的概率越大，其原因可能是数字素养缓解了农村女性劳动力的信息约束，增加了就业岗位、工资、社会保障等信息的传递，提高了自身与职业的匹配度，进而提高了客观就业质量。基于以上分析，研究假说 H1 得以初步验证。

表 7－2　数字素养对农村女性劳动力客观就业质量影响的基准回归

变量	客观就业质量			
	模型（1）	模型（2）	模型（3）	模型（4）
数字素养水平	0.135*** (0.026)	0.159*** (0.033)	0.130*** (0.029)	0.135*** (0.023)
婚姻状态		0.182** (0.067)	0.025 (0.129)	0.415 (0.131)
年龄		−0.186** (0.077)	0.173** (0.071)	0.143** (0.707)
年龄平方/100		0.021 (0.013)	−0.176** (0.079)	−0.002** (0.001)
受教育年限		0.056** (0.025)	0.023* (0.013)	0.016 (0.012)
健康状况		0.124*** (0.034)	0.052** (0.025)	0.005** (0.002)
未来预期		0.018 (0.129)	0.111*** (0.034)	0.044 (0.036)
受雇就业				0.188** (0.085)

（续）

变量	客观就业质量			
	模型（1）	模型（2）	模型（3）	模型（4）
外出就业				0.031*** (0.005)
服务业就业				0.028 (0.069)
人均收入水平			0.122 (0.101)	0.114 (0.103)
家庭结构			0.149*** (0.060)	0.070** (0.050)
0～15岁子女数量			−0.026 (0.030)	−0.016 (0.031)
常数项	1.398*** (0.072)	0.377** (0.172)	0.504*** (0.167)	0.398** (0.147)
控制变量	控制	控制	控制	控制
时间固定效应	控制	控制	控制	控制
地区固定效应	控制	控制	控制	控制
观测值	1 422	1 422	1 422	1 422
R^2	0.209	0.202	0.109	0.181

注：括号内为稳健标准误；***、**和*分别表示数据在1%、5%和10%的水平上显著。

控制变量对农村女性劳动力客观就业质量也有重要的影响。在个体特征方面，年龄对客观就业质量的影响为正向显著，但年龄的平方项对客观就业质量的估计系数为负，表明年龄与客观就业质量间存在倒U形关系，随着年龄的增长，就业质量先上升再下降。教育对就业质量的影响系数为正，但促进作用有限，说明教育对就业质量有重要影响，但在全民内卷时代，劳动力就业出现向低生产率产业配置的趋势，个体工资以及人均收入的提高受到抑制（蔡昉，2023），这意味着受教育程度对就业质量的促进作用大打折扣。健康对就业质量的估计系数显著为正，说明越健康，客观就业质量越高，表明在数字经济时代，健康对就业机会的获得、客观就业质量的提高依然发挥着重要作用。农村女性劳动力的就业选择不同，客观就业质量也有差异。受雇就业对就业质量的提高存在显著的促进作用，可能的原因是受雇就业可以为农村女性劳动力提供稳定的收入来源和各种福利待遇，如社会保险、医疗保险等，这些福利在一定程度上可以保障其在工作期间的权益。外出就业对客观就业质量也有促进效应，主要原因是外出就业给农村女性提供了更多的就业机会、更高的工资水平、更好的职业发展机会和更广阔的人际关系网络，从而提高了她们的客观就业质量。在家庭特征方面，家庭结构对客观就业质量有显著正向影响。随着农村市场化程度逐渐加深，农民家庭发生了剧烈转型。一方面，非农转移导致农民家庭的离散化；另一方面，父代家庭和子代家庭之间的合作也进一步增强，农村三代及以上家庭比例呈现出上升的趋势（汪超，2022），来自父母的代际支持会减少女性家务劳动的时间，从而促进农村女性进行就业选择（孙继圣等，2019；Zhong et al.，2020），优化了其客观就业质量。

7.3.2　内生性检验

面板数据的使用可以缓解内生性问题，但依然可能存在遗漏变量、反向因果等导致的内生性问题。本研究虽然控制了年龄、婚姻等特征变量，但农村女性的客观就业质量可能还受到无法观测变量的影响。为提高研究的严谨性，缓解可能存在的内生性问题，本研究基于多元正态分布和极大似然估计的扩展回归模型处理内生性问题。扩展回归模型能通过选择来处理解释变量的内生性。由于数字素养的相关研究不多，依据数字能力、互联网使用、移动支付等相关研究中使用的工具变量，借鉴陆镜名等（2023）的研究，选取村级层面的互联网普及率为工具变量。根据工具变量的使用要求，在相关性上，村级层面互联网普及率基本上能反映出当地的数字基础设施的建设情况和当地居民使用互联网的方便程度，与数字素养具有很高的相关性。其次，在外生性条件上，村级层面的互联网普及率是宏观层面的变量，对个体的就业质量难以产生直接的影响。因此，村级层面的互联网普及率满足了工具变量的相关性条件和外生性条件，选择这个工具变量可取。

表7-3汇报了工具变量的回归分析结果。表中的（1）列和（2）列为两阶段最小二乘法工具变量回归结果。第（1）列的 *Cragg-Donald Wald*

F 结果显著，表明不存在弱工具变量的问题，且工具变量村级层面互联网普及率对数字素养存在正向显著影响，表明工具变量与数字素养之间存在相关性。第（2）列为数字素养影响客观就业质量的第二阶段工具变量回归结果。结果显示，数字素养系数显著为正，且大大高于基准回归系数。这表明，解决内生性问题，提高了数字素养对客观就业质量的正向作用。内生性检验结果与基准回归结果一致，印证了数字素养对客观就业质量的正向影响，研究假说 H1 得到进一步验证。

表 7-3 内生性处理结果

变量	客观就业质量	
	(1) Ⅳ一阶段	(2) Ⅳ二阶段
数字素养		0.380** (0.135)
工具变量	0.231*** (0.042)	
控制变量	控制	控制
时间固定效应	控制	控制
地区固定效应	控制	控制
DWH	17.774**	
Cragg-Donald Wald F	10.780***	
Wald chi^2		2 151.56***
观测值	1 422	1 422

注：括号内为稳健标准误；***、** 和 * 分别表示数据在 1%、5%和 10%的水平上显著。

7.3.3 稳健性检验

(1) 更换解释变量和更换估计方法的稳健性检验。为进一步验证主回归结果的稳健性，本研究使用如下两种方法进行稳健性检验。第一，更换解释变量。根据前文对数字素养的定义，数字素养是数字资源深度使用的能力，源自个体对数字技术的重视程度。本研究借鉴王杰等（2022）的稳健性检验方法，选取互联网使用对学习、社交、娱乐和商业活动的重要程度替换数字素养。在问卷中，由“使用互联网对学习的重要程度”“使用互联网对社交的重要程度”“使用互联网对娱乐的重要程度”“使用互联网对商业活动的重要程度”来体现，重要程度从非常不重要到非常重赋值1~5分，采用数据标准化处理方法，获得替换后变量的指数，再通过面板固定效应模型分别对客观就业质量进行回归分析，结果如表7-4第（1）列所示。使用互联网对学习、社交、娱乐和商业活动的重要程度对客观就业质量的影响都通过了1%水平上的显著性检验，替代的解释变量与数字素养得到的结果一致。第二，更换估计方法。由于标准化处理后的被解释变量为0~1范围的连续变量，所以在前文面板基准模型回归的基础上，为保证结果的可靠性，将估计方法替换为面板Tobit模型作为参照，结果如表7-4第（2）列所示，估计结果与主回归结果相近。故本研究具有稳健性。

表7-4　稳健性检验结果

变量	(1) 更换解释变量	(2) 更换估计方法
数字技术重视程度	0.344*** (0.57)	
数字素养		0.143*** (0.035)
控制变量	控制	控制
时间固定效应	控制	控制
地区固定效应	控制	控制
R^2/*Wald chi*^{2}/*ChiSq*	0.250	35.44***
观测值	1 442	1 442

注：括号内为稳健标准误；***、**和*分别表示数据在1%、5%和10%的水平上显著。

（2）Heckman检验。本章分析劳动力数字素养对客观就业质量的影响，对客观就业质量的影响可分为两个过程。首先，农村女性劳动力选择参与非农就业或不参与非农就业的决策过程。其次，选择参与非农就业的农村女性劳动力进一步获得不同的就业质量。可见，只有在观测到农村女性劳动力选择参与非农就业时，才能观测到其工作的质量。为克服样本自选择带来的估计偏差问题，借鉴现有研究，采用 Heckman 两步法检验样本非随机选择就业参与（Heckman，2004）。第一阶段采用 Probit 模型，估计劳动力就业参与的概率，为每一个样本计算出逆米尔斯比例。第二阶段在原有的回归方程中，加入第一阶段得出的逆米尔斯比例，再估计回归参数。表 7-5 为 Heckman 两阶段法检验结果，逆米尔斯比例 *lambda* 系数不显著，说明样本不存在选择偏差问题，数字素养的系数在 1%的水平上显著为正，表明了研究结论的一致性。

表 7-5　Heckman 二阶段检验结果

变量	Heckman 第一阶段	Heckman 第二阶段
	就业参与	就业质量
就业参与识别变量	0.351***	
	(0.117)	
数字素养		0.048***
		(0.014)
Lambda		−2.008
		(2.895)
控制变量	控制	控制
观测值	4 109	1 442

注：括号内为稳健标准误；***、** 和 * 分别表示数据在 1%、5%和 10%的水平上显著。

7.3.4　机制分析

经过上述分析可知，数字素养对农村女性劳动力客观就业质量具有显著的促进作用。然而，这种促进作用是如何产生的呢？理论分析表明，农村女性劳动力借助数字素养，获得更广的信息渠道，掌握更多就业与保障的信息，更容易实现人与岗位的匹配，提升就业质量。同时，农村女性数字素养越高，越有利于家庭以外的社会资本的积累，增强了优质就业的可能，也提高了农村女性就业的积极性。因此，本研究拟以“互联网对您获取信息的重要程度如何？”和“家庭过去 12 个月的人情礼支出”作为就业质量分析的中介变量，探究数字素养影响农村女性劳动力就业质量的内在机理。

（1）信息渠道效应。数字素养作为一种数字设备和资源的使用能力，改变了传统的信息传播的方式，极大地提高了信息传播效率并拓宽了信息传播范围。对于农村女性来说，信息渠道起着十分重要的作用，不仅有利于提高农村女性劳动力在就业市场的供需匹配度，使其更容易找到满意的工作，而且农村女性了解就业保障、劳动法规等都离不开信息渠道。为此，本研究进行了信息渠道拓展在数字素养和就业质量之间的机制分析。机制分析结果如表 7-6 所示。从表 7-6 第（1）列中可以看出，数字素养正向影响农村女性的信息渠道拓展，且在 1%的水平上显著，这说明，在其他变量不变的情况下，数字素养显著拓展了农村女性劳动力的信息渠道。可能的解释是，由于智能手机的普及，在能力可行的情况下，农村女性在空闲时间也会利用手机查阅、了解外部信息，尤其是对于就业岗位信息、就业保障、就业法规等会更加关注，在大数据精准推送下，数字素养带来的信息渠道效应更加显著。因此，研究假说 H2 得到了验证。这证实了数字素养的提高利于信息渠道的拓展，可以帮助农村女性劳动力克服信息闭塞、信息不对称的问题，为更好地获取就业机会和就业权益提供了信息保障，进而有利于提高就业质量。

（2）社会资本效应。高数字素养带来的信息技术水平提高，为农村女性提供了更为宽广的社会交往渠道，可以提高农村女性的社会资本。而处于数字素养劣势的农村女性劳动力由于无法即时进行互联网沟通，以及共享线上社交平台，其社会资本积累受限，这极有可能延长就业搜寻时间，甚至错过优质的就业机会。为探求社会资本的机制和作用，本研究进行了社会资本在数字素养和就业质量之间的机制分析。机制分析结果如表 7-6 第（2）列所示。由表 7-6 可看出，数字素养正向影响社会资本，并与社会资本在 1%的水平上显著。这说明，在其他变量不变的情况下，数字素养显著提高了农村女性劳动力的社会资本。可能的解释是，由于社会资本主要为客观生成的社会网络，在数字生活中，个体可通过信息技术加强人情来往，获取更密集和可靠的人际社会网络，提升了其社会资本。因此，研究假说 H3 得到了验证。这证实了数字素养的提高利于社会资本的提高，可以帮助农村女性劳动力克服同质性强的、封闭的社会关系网络的束缚，为其缩小信息鸿沟，从而帮助农村女性劳动力获得更多的就业机会，提高就业收入和就业的稳定性，进而提高就业质量。

表 7-6 客观就业质量机制分析结果

变量	客观就业质量机制分析	
	(1) 信息渠道拓展	(2) 社会资本
数字素养	0.391*** (0.059)	0.494*** (0.129)
控制变量	控制	控制
地区固定效应	控制	控制
时间固定效应	控制	控制
$R^2/Prob>chi^2$	0.057	0.000
观测值	1 442	1 442

注：括号内为稳健标准误；***、** 和 * 分别表示数据在 1%、5%和 10%的水平上显著。

7.3.5 家庭、年龄与文化程度的异质性分析

(1) 家庭异质性分析。根据样本的家庭人均纯收入是否大于样本中位数，将总体样本分为高人均收入组和低人均收入组，分别估计数字素养与客观就业质量之间的关系，分析结果如表 7-7 第（1）列所示。在引入农村女性劳动力家庭人均纯收入变量后，数字素养对于低人均收入组的客观就业质量的提升效果更显著。可能的原因是人均纯收入高给个体带来收入效应，且对于数字素养相关的知识和信息已经有一定的储备，从而减弱了数字素养对客观就业质量的影响。对于人均收入偏低的农村女性群体而言，非农就业收入可能是家庭主要收入来源，数字素养的边际效用更大，所以更希望通过数字素养的提升缩小数字鸿沟，获得更多渠道的就业机会来提升客观就业质量。

(2) 年龄异质性分析。不同年龄的农村女性劳动力个体的数字素养对客观就业质量的影响也可能存在差异。根据前文的研究，根据年龄将样本划分为两个组，即 16～43 岁的样本为一组，44～60 岁样本为第二组，进行年龄的异质性检验。结果如表 7-7 第（2）列所示，从表 7-7 中可以看出，数字素养对农村女性劳动力就业质量的正向影响主要集中在 16～

43 岁青年群体，而 44～60 岁的群体受到的数字素养对就业质量的影响较为微弱。可能是因为青年群体的农村女性劳动力接受能力更强，受互联网影响更大，更愿意利用数字技能帮助自己搜寻职业信息，进而匹配更好、更灵活的工作，提升客观就业质量和主观就业质量可能性更大。相比较而言，44 岁以上的农村女性受教育程度有限，对新鲜事物也不敏感，也正是“上有老下有小”的群体，多要肩负教育、养育和照料者的责任，闲暇时间不足，导致数字素养水平不高，从而使职业搜寻和工作的可能性更低。

(3) 文化程度异质性分析。受教育年限不同，农村劳动力客观就业质量不同。本研究基于样本的受教育年限，将样本中受教育年限小于等于 6 年的样本设为低文化程度组，将受教育年限大于 6 年小于 12 年的样本设为中文化程度组，将受教育年限大于等于 13 年的样本设为高文化程度组。文化程度的异质性分析结果如表 7 - 7 第（3）列所示。结果表明，数字素养对中文化程度的农村女性劳动力就业质量的影响系数最大，且显著，可能是因为中文化程度的农村女性群体对就业的期望本身较低，但有一定的文化水平，数字素养带来的可塑性更强，数字素养对于就业质量的影响具有更高的边际效应，相较于留守在农村务农的女性，能获得更好工作的可能性更大。基于以上分析，数字素养在家庭特征、个体特征方面存在异质性影响，研究假说 H4 得到验证。

表 7 - 7 客观就业质量的异质性分析

变量	(1) 家庭异质性		(2) 年龄异质性		(3) 受教育文化程度异质性		
	高人均收入	低人均收入	16～43 岁	44～60 岁	低文化程度	中文化程度	高文化程度
数字素养	0.095**	0.284***	0.127***	0.051*	−0.064	0.208***	0.140*
	(0.047)	(0.057)	(0.039)	0.029	(0.05)	(0.057)	(0.071)
控制变量	控制	控制	控制	控制	控制	控制	控制
时间固定效应	控制	控制	控制	控制	控制	控制	控制
地区固定效应	控制	控制	控制	控制	控制	控制	控制
常数项	0.711***	0.671	0.267***	0.280***	0.460***	0.198***	0.535***
	(0.253)	(0.522)	(0.016)	(0.011)	(0.080)	(1.379)	(0.154)
观测值	597	825	840	582	261	761	400

注：括号内为稳健标准误；*** 、** 和 * 分别表示数据在 1%、5%和 10%的水平上显著。

7.3.6 进一步分析

(1) 分位数回归分析。为观测数字素养在就业质量整体分布上的作用效果，本研究进一步利用面板分位数回归模型考察数字素养对不同就业质量层次的影响，利于更好理解数字素养对客观就业质量的影响。为此，本书中设置了五个分位点，分别是 0.10 分位点，0.25 分位点，0.50 分位点，0.75 分位点和 0.90 分位点，回归分析结果如表 7－8 所示。结果显示，在不同的分位点上，数字素养的估计系数都是正向显著，且在较低分位点的影响更小，在高分位点的影响更大，与前文中的理论分析和主回归结果都保持一致。具体来看，随着分位数的增加，数字素养的估计系数在各分位点（0.10、0.25、0.50、0.75、0.90）呈现出逐渐增强的趋势，结果表明数字素养对处于不同客观就业质量的农村女性劳动力都有促进作用，对高就业质量的个体促进作用更大。可能的原因在于，相比于客观就业质量低的农村女性，客观就业质量高的农村女性对于数字社交、数字化交易和数字学习技术的应用程度更高，信息识别和知识学习程度更高，有利于工作岗位和自身能力匹配度的提升，能更多享受到数字素养的红利。

表 7－8　分位数回归结果

变量	分位数回归结果				
	Q=0.10 分位点	Q=0.25 分位点	Q=0.50 分位点	Q=0.75 分位点	Q=0.90 分位点
数字素养	0.049*	0.073**	0.083**	0.111**	0.137***
	(0.026)	(0.033)	(0.024)	(0.019)	(0.016)
控制变量	控制	控制	控制	控制	控制
观测值	1 422	1 422	1 422	1 422	1 422

注：括号内为稳健标准误；***、** 和 * 分别表示数据在 1%、5%和 10%的水平上显著。

(2) 数字素养对客观就业质量的影响分维度分析。将数字素养的维度进行分解分析，分维度估计结果如表 7－9 所示。结果显示，四个维度的数字素养对农村女性劳动力客观就业质量的影响各有差异。数字学习素养和数字商业素养对客观就业质量影响均显著，其中数字学习素养影响力更大，表明数字学习利于信息的共享和知识与技能的积累，从而改善客观就业质量。①在工作稳定性方面，数字学习素养和数字商业素养对客观就业质量都有显著影响，可能是数字学习素养和数字商业素养带来工作效率的提高，提高了个体的工作积极性，从而减少了工作更换的可能。②在工作强度方面，数字设备使用素养和数字社交素养与工作强度正向相关，表明数字素养增加了工作的强度，可能的解释是：第一，数字经济的发展带来数字素养提高的同时，也使工作时间和地点的灵活性和弹性增加，工作内容也更加碎片化，整体来看，很有可能导致劳动者的隐性劳动时间增加，从而增加了农村女性的劳动强度；第二，由于可以线上工作，使工作场所自主性提高，农村女性工作时间和生活时间的界限越来越模糊，生活就是工作，随时随地都可能要完成需要完成的工作内容，压缩了个人的休闲时间，增加了工作时间；第三，由于工资具有溢价效应，为了获得更多的收入，在相同时间范围内农村女性劳动力会主动选择加大劳动强度以提高工资收入。数字学习素养和数字商业素养均有利于减轻农村女性的工作强度，可能的原因是学习素养有利于农村女性学习更先进的工作方法，提高了劳动效率，从而降低了工作强度。③在工作保障方面，数字设备使用素养有影响力，其他维度无显著影响，可能是互联网的信息效应的作用，让农村女性可以了解更多关于就业保障和就业权益的信息，可以帮助农村女性寻求有保障的就业岗位。④工作收入方面，数字学习素养和数字商业素养对工作收入的影响均存在一致的正向影响，可能的解释是：一方面，数字学习素养提高了个体的人力资本，进而提高了个体收入增加的可能。另一方面，随着数字资源向农村下沉以及农村电子商务的发展，越来越多的农村女性从事多重就业，进而增加了其工作收入。

表 7-9 不同维度的数字素养对农村女性劳动力客观就业质量影响结果

变量	客观就业质量				
	客观就业质量指数	工作稳定性	工作强度	工作保障	工作收入
数字设备使用素养	0.032	−0.303	0.410***	0.519**	−0.005
	(0.109)	(0.247)	(0.167)	(0.244)	(0.021)
数字学习素养	0.167**	0.350**	−0.187***	0.031	0.035**
	(0.064)	(0.122)	(0.025)	(0.112)	(0.011)

（续）

变量	客观就业质量				
	客观就业质量指数	工作稳定性	工作强度	工作保障	工作收入
数字社交素养	0.087 (0.085)	0.015 (0.196)	0.261** (0.328)	0.140 (0.186)	0.025 (0.017)
数字商业素养	0.238*** (0.061)	0.474*** (0.149)	−0.213*** (0.090)	0.260 (0.135)	0.032** (0.013)
常数项	−0.402*** (0.072)	0.245*** (0.063)	0.611*** (0.016)	0.128** (0.058)	−0.489*** (0.129)
控制变量	控制	控制	控制	控制	控制
时间固定效应	控制	控制	控制	控制	控制
地区固定效应	控制	控制	控制	控制	控制
观测值	1 442	1 442	1 442	1 442	1 442

注：括号内为稳健标准误；***、** 和 * 分别表示数据在 1%、5%和 10%的水平上显著。

7.4 数字素养对主观就业质量影响的实证分析

7.4.1 基准回归结果分析

本书基于 Oprobit 模型考察数字素养对农村女性劳动力主观就业质量的影响，回归分析结果如表 7-10 所示。模型（1）是未加入控制变量时，数字素养对主观就业质量的回归分析结果。估计结果表明，数字素养与主观就业质量在 1%的水平上存在正向显著关系，即农村女性劳动力数字素养能显著提高主观就业质量。由此可以看出，农村女性劳动力数字素养水平越高，主观就业质量高的概率越大，其原因可能是数字素养的信息效应和人力资本效应提高了农村女性的主观就业质量。农村女性精神生活相对单一，家务、家庭照料占据了大部分时间，而数字素养能通过学习和社交等充实她们的生活，扩大她们的社交圈，利于就业信心的提高，从而改善她们对就业的主观感受。基于以上分析，研究假说 H5 得以初步验证。

模型（2）到模型（6）是加入不同控制变量并控制固定效应的回归结果。模型（3）是在加入个体控制变量和家庭控制变量的基础上，加入就业类型选择的估计结果，结果表明受雇就业促进了主观就业质量的提升，

表 7-10 数字素养对农村女性劳动力主观就业质量影响的基准回归分析

变量	主观就业质量					
	模型（1）	模型（2）	模型（3）	模型（4）	模型（5）	模型（6）
数字素养	0.389*** (0.024)	0.317*** (0.043)	0.306*** (0.042)	0.319*** (0.042)	0.316*** (0.043)	0.305*** (0.042)
就业类型选择			0.249*** (0.073)			0.257*** (0.073)
就业行业选择				−0.071 (0.063)		−0.083 (0.063)
就业地选择					0.210** (0.070)	0.046** (0.021)
婚姻状态		0.079 (0.095)	0.086 (0.095)	0.079 (0.095)	0.081 (0.095)	0.088 (0.095)
年龄		−0.032 (0.031)	−0.034 (0.031)	−0.034 (0.031)	−0.032 (0.031)	−0.035 (0.031)
年龄的平方/100		0.040** (0.016)	0.061** (0.031)	0.043** (0.017)	0.069** (0.026)	0.064* (0.037)
文化程度		0.089*** (0.010)	0.009 (0.009)	0.010 (0.010)	0.008 (0.010)	0.012 (0.010)
健康状况		0.052** (0.026)	0.053** (0.026)	0.051** (0.026)	0.051** (0.026)	0.053** (0.026)
未来预期		0.140*** (0.038)	0.145*** (0.039)	0.139** (0.038)	0.139*** (0.038)	0.145*** (0.039)
社会资本		0.285** (0.099)	0.239** (0.099)	0291** (0.100)	0.285** (0.099)	0.248** (0.100)
家庭结构		0.072** (0.023)	0.068 (0.062)	0.092** (0.043)	0.072** (0.033)	0.097** (0.034)
家庭人均经济水平		0.192** (0.094)	0.182** (0.095)	0.194** (0.094)	0.191** (0.094)	0.185** (0.095)
0～15 岁子女数量		0.062 (0.022)	0.053 (0.092)	0.067 (0.078)	0.051 (0.092)	0.044 (0.321)
C_1	−0.533*** (0.087)	1.549** (0.700)	1.490** (0.603)	1.621** (0.803)	1.544** (0.700)	1.447* (0.807)
C_2	0.003 (0.083)	2.088** (0.801)	2.036** (0.804)	2.061** (0.804)	2.085** (0.801)	1.994** (0.808)

(续)

变量	主观就业质量					
	模型(1)	模型(2)	模型(3)	模型(4)	模型(5)	模型(6)
C_3	0.734***	2.833***	2.786***	2.807***	2.829***	2.744***
	(0.083)	(0.802)	(0.805)	(0.805)	(0.802)	(0.809)
C_4	2.470***	4.603***	4.560***	4.578***	4.588***	4.521***
	(0.101)	(0.807)	(0.810)	(0.810)	(0.807)	(0.814)
地区固定效应	控制	控制	控制	控制	控制	控制
Wald 检验卡方值	259.640***	272.020***	287.370***	271.580***	272.350***	287.250***
Pseudo R^2	0.077	0.088	0.092	0.089	0.088	0.092
观测值	1 422	1 422	1 422	1 422	1 422	1 422

注:括号内为稳健标准误;***、** 和 * 分别表示数据在 1%、5%和 10%的水平上显著。

即受雇就业提高了农村女性劳动力的主观就业质量。可能的原因是:一方面,受雇就业为农村女性带来的是稳定的收入来源和社会保障,还通过工作职责和期望的明确,减少了工作中的不确定性和压力,从而提高员工的就业满意度;另一方面,在数字工作背景下,很多企业可以提供有弹性的工作时间和灵活的工作地点,对于农村女性而言,可以更好地平衡生活和工作,工作满意度会得到提高。模型(4)是在控制个体和家庭变量基础上,增加了就业行业选择的控制,回归分析结果表明,数字素养与主观就业质量正相关,但就业行业选择对主观就业没有促进作用,可能是因为服务业就业的收入与预期有差距,而且服务业需要更高的情绪管理能力,而农村女性在这方面较为缺乏,难免会造成一定的心理焦虑和收入的失落感,从而对主观就业质量评价降低。另外,服务业就业可能会增加农村女性的工作强度,进而造成家庭与工作之间的冲突,从而降低了工作的主观评价。模型(5)则在控制个体和家庭变量基础上,控制了就业地区选择,根据回归分析结果可知,数字素养正向影响农村女性劳动力主观就业质量,但就业地的选择正向提高了主观就业质量的提升,意味着外地就业的农村女性劳动力的主观就业质量更高。究其原因,首先,相较于本地就业,外出务工通常工资收入、福利更高,在勤俭节约品质的影响下,高收入和福利能直接改善农村女性的生活质量,增强经济上的安全感,利于工作的主观评价。其次，外地就业尤其是大城市就业，可以让农村女性接触到不同地方、不同背景的朋友，感受不同文化和生活方式，拓展了其社交网络，也增强了其自信心，提高了就业的满意度。模型（6）控制了个体、家庭和工作的变量，结果表明，即便纳入了各系列的控制变量，数字素养对主观就业质量在1%水平上的正向显著性仍然存在，就业类型和就业地区选择对主观就业质量也存在一致影响。原因可能是外地就业机会和岗位选择更多，且教育、医疗资源相对更好，生活条件较好，且受雇就业责任和风险较低，工作内容相对固定，数字素养改善了工作效率，更有成就感。

其他个体和家庭控制变量对农村女性劳动力主观就业质量也有重要的影响。在个体特征方面，年龄对主观就业质量的影响为负向，但年龄的平方项对主观就业质量的估计系数为正，表明年龄与主观就业质量间存在U形关系，随着年龄的增长，就业质量先下降再上升。原因可能是农村女性随着年龄的增加，角色发生了变化，工作之余承担了更多的家务、生育、抚育和家庭照料等责任，外加工作“内卷化”和抚育“精细化”的影响，工作强度增强，精力消耗过多，降低了工作的获得感和幸福感，从而影响了主观就业质量。教育和健康对主观就业质量的估计系数都为正，进一步发现，健康对主观就业质量的影响更加显著，说明越健康，主观就业质量可能越高。表明在数字经济时代，农村劳动力教育和健康资本对提高主观就业质量发挥着重要作用。未来预期对主观就业质量成正向显著相关，表明农村女性对未来越有信心，其主观就业质量越高，体现了心理对主观就业质量的影响。在家庭特征方面，社会资本、家庭结构和人均收入都对主观就业质量有显著正向影响。表明农村女性劳动力拥有的社会资本越多，社交网络越丰富，越有可能在有就业意愿的情况下获得更多的就业信息和其他资源，有利于主观就业质量的提升。三代及以上家庭也更有利于农村女性主观就业质量的提升，原因可能是代际支持缓解了农村女性的家务、照料和精神负担。另外，家庭人均纯收入发挥了其收入效应，也利于主观就业质量的提升。

陈强（2014）指出，Oprobit模型的估计系数只能从显著性和参数符号方面给出有限的信息。数字素养对农村女性劳动力主观就业质量的边际效应如表 7-11 所示。

表 7-11　数字素养对农村女性劳动力主观就业质量影响的边际效应

变量	非常不满意	不太满意	满意	比较满意	非常满意
数字学习素养	−0.037***	−0.027***	−0.035***	0.048***	0.051***
	(0.006)	(0.004)	(0.005)	(0.007)	(0.008)
就业类型	−0.031***	−0.023***	−0.029***	0.040***	0.043***
	(0.009)	(0.006)	(0.008)	(0.011)	(0.012)
就业地区	−0.008**	−0.006**	−0.008**	0.014**	0.012**
	(0.003)	(0.002)	(0.003)	(0.004)	(0.004)

注：括号内为稳健标准误；***、** 和 * 分别表示数据在 1%、5%和 10%的水平上显著。

由表 7-11 可知，数字素养对农村女性劳动力选择“非常不满意”具有显著负向影响，表明数字素养高的农村女性劳动力选择“非常不满意”的概率显著降低。数字素养高的农村女性劳动力选择“不太满意”“满意”概率显著降低，数字素养高的农村女性劳动力选择“比较满意”“非常满意”的概率显著提升。受雇就业对农村女性劳动力选择“非常不满意”“不太满意”“满意”具有负向影响，表明受雇就业类型的农村女性劳动力选择“非常不满意”“不太满意”“满意”的概率显著降低，而选择“比较满意”“非常满意”的概率显著提升。外地就业对农村女性劳动力选择“非常不满意”“不太满意”“满意”具有负向显著影响，表明外地就业的农村女性劳动力选择“非常不满意”“不太满意”“满意”的概率显著降低，而选择“比较满意”“非常满意”的概率显著增加。

具体而言，数字素养高和选择受雇就业、外地就业的农村女性劳动力选择“非常满意”的概率分别增加了 5.1%、4.3%和 1.2%。这意味着数字素养、受雇就业和外地就业对农村女性劳动力主观就业质量的影响不仅在统计上显著，而且具有较强的现实意义。

7.4.2　内生性检验

本研究虽然控制了年龄、婚姻等特征变量，但农村女性的主观就业质量可能还受到情绪、观念等无法观测变量的影响。为缓解可能存在的偏差性问题，本章采用 Eoprobit 模型来解决。依据数字经济、互联网使用、移动支付等相关研究中使用的工具变量，借鉴陆镜名（2023）的研究，选取村级层面的互联网普及率为工具变量。在相关性上，村级层面互联网普及率基本上能反映出当地数字基础设施的建设情况和当地居民使用互联网的便利程度，与数字素养具有很高的相关性。在外生性条件方面，村级层面的互联网普及率是宏观层面的变量，对个体的就业质量难以产生直接的影响，满足了工具变量的相关性条件和外生性条件。另外，在就业满意度分析中，考虑到内生性问题，采用常规的工具变量 Oprobit 模型将导致估计偏差，本研究利用拓展的线性回归模型（Eoprobit）进行估计。

表 7-12 汇报了采用线性回归模型（Eoprobit）进行内生性处理的结果。

表 7-12 内生性处理结果

变量	主观就业质量	
	(1) Eoprobit 一阶段	(2) Eoprobit 二阶段
数字素养		0.193*** (0.052)
工具变量	0.681*** (0.070)	
控制变量	控制	控制
时间固定效应	控制	控制
地区固定效应	控制	控制
DWH/残差项相关性	14.756**	−0.182** (0.079)
Cragg-Donald Wald F	305.35***	
Wald chi^2		110.33***
观测值	1 422	1 422

注：括号内为稳健标准误；***、** 和 * 分别表示数据在 1%、5%和 10%的水平上显著。

表 7-12 中第（1）列的 *Cragg-Donald Wald F* 结果显著，表明不存在弱工具变量的问题，且工具变量村级层面的互联网普及率对数字素养存在正向显著影响，表明工具变量与数字素养之间存在相关性。第（2）列为控制内生性问题后，数字素养对主观就业质量的影响。两阶段回归的

残差项相关系数显著，表明模型具有内生性，采用 Eoprobit 模型有必要。二阶段结果显示，数字素养仍然对农村女性主观就业质量存在正向显著影响，与基准回归结果一致，印证了数字素养对主观就业质量的正向影响，研究假说 H5 得到进一步验证。

7.4.3 稳健性检验

(1) 更换解释变量和更换估计方法。为进一步验证主回归结果的稳健性，本研究使用如下两种方法进行稳健性检验。第一，更换解释变量。根据前文对数字素养的定义，数字素养是数字资源深度使用的能力，源自个体对数字技术的重视程度。本研究借鉴王杰等（2022）的稳健性检验方法，选取互联网使用对学习、社交、娱乐和商业活动的重要程度替换数字素养。在问卷中，由“使用互联网对学习的重要程度”“使用互联网对社交的重要程度”“使用互联网对娱乐的重要程度”“使用互联网对商业活动的重要程度”来体现，重要程度从非常不重要到非常重赋值 1～5 分，采用数据标准化处理方法，获得替换后变量的指数，再通过面板固定效应模型对主观就业质量进行回归分析，结果如表 7－13 第（1）列所示。使用互联网对学习、社交、娱乐和商业活动的重要程度对主观就业质量的影响都通过了 1%水平上的显著性检验，替代的解释变量与数字素养得到的结果一致。第二，更换估计方法。由于主观就业质量是有序变量，为保证结果的可靠性，将估计方法替换为面板 Ologit 模型作为参照，结果如表 7－13 第（2）列所示，估计结果与主回归结果相近，故本研究具有稳健性。

表 7－13 稳健性检验结果

变量	主观就业质量	
	(1) 更换解释变量	(2) 更换估计方法
数字技术重视程度	0.536*** (0.131)	
数字素养		0.177*** (0.044)

（续）

变量	主观就业质量	
	(1) 更换解释变量	(2) 更换估计方法
控制变量	控制	控制
地区固定效应	控制	控制
$R^2/Wald\ chi^2/ChiSq$	87.85***	703.73***
观测值	1 422	1 422

注：括号内为稳健标准误；*** 、** 和 * 分别表示数据在 1%、5%和 10%的水平上显著。

（2）Heckman 检验。本章分析劳动力数字素养对主观就业质量的影响，研究可分两个过程。首先，农村女性劳动力选择参与非农就业或不参与非农就业的决策过程。其次，选择参与非农就业的农村女性劳动力进一步获得不同的主观就业质量。可见，只有在观测到农村女性劳动力选择参与非农就业时，才能观测到其主观就业的质量。为克服样本自选择带来的估计偏差问题，借鉴现有研究，采用 Heckman 两步法检验样本非随机选择就业参与（Heckman，2004）。第一阶段采用 Probit 模型，估计劳动力就业参与的概率，为每一个样本计算出逆米尔斯比例。第二阶段在原有的回归方程中，加入第一阶段得出的逆米尔斯比例，再估计回归参数。表 7－14 为 Heckman 两阶段法检验结果，逆米尔斯比例 *lambda* 系数不显著，说明样本不存在选择偏差问题，数字素养的系数在 1%的水平上显著为正，表明了研究结论的一致性。

表 7－14　Heckman 二阶段检验结果

变量	Heckman 第一阶段	Heckman 第二阶段
	就业参与	主观就业质量
就业参与识别变量	0.347*** (0.042)	
数字素养		0.029*** (0.008)
Lambda		−0.046 (0.038)

（续）

变量	Heckman 第一阶段	Heckman 第二阶段
	就业参与	主观就业质量
控制变量	控制	控制
观测值	4 109	1 422

注：括号内为稳健标准误；***、** 和 * 分别表示数据在 1%、5%和 10%的水平上显著。

7.4.4 机制分析

基准回归分析表明，数字素养对农村女性劳动力主观就业质量具有显著性的促进作用。然而，这种促进作用是否会受其他机制的干预呢？理论分析发现，数字素养可能会降低农村女性的相对收入评价，进而减弱数字素养对主观就业质量的影响。据此，展开数字素养影响农村女性劳动力主观就业质量的内在机理的探究。由表 7－15 可知，数字素养对相对收入评价的系数为负向显著。这说明，在其他变量不变的情况下，数字素养显著降低了其对自身相对收入的评价，研究假说 H6 得到验证。

表 7－15 机制检验结果

变量	相对收入评价
数字素养	－0.205*** (0.021)
控制变量	控制
地区固定效应	控制
时间固定效应	控制
Pseudo R^2	0.027
观测值	1 422

注：括号内为稳健标准误；***、** 和 * 分别表示数据在 1%、5%和 10%的水平上显著。

7.4.5 家庭、年龄与文化程度异质性分析

（1）家庭异质性分析。根据样本的家庭人均纯收入是否大于样本中位数，将总体样本分为高人均收入组和低人均收入组，分别估计数字素养与主

观就业质量之间的关系，分析结果如表 7 - 16 第（1）列所示。由表 7 - 16 可知，数字素养对高人均收入组和低人均收入组的主观就业质量都有促进作用，但对高人均收入组的农村女性劳动力群体主观就业质量的提升效果更为显著。可能的原因是高人均收入给个体带来收入效应，更有利于数字素养的提升和相关的知识和信息的储备，从而促进了数字素养对主观就业质量的影响。对于人均收入偏低的农村女性群体而言，可能较多从事农业生产或留守农村，数字技术应用和数字素养水平偏低，获得更多渠道的就业机会来提升主观就业质量的可能性有限。

（2）年龄异质性分析。不同年龄的农村女性劳动力个体的数字素养对主观就业质量的影响也可能存在差异。根据前文的研究，将年龄划分为两个组，即 16～43 岁的样本为一组，44～60 岁样本为第二组，进行年龄的异质性检验。结果如表 7 - 16 第（2）列所示，从表 7 - 16 中可以看出，数字素养对农村女性劳动力主观就业质量的正向影响主要集中在 16～43 岁青年群体，而 44～60 岁的群体受到的数字素养对主观就业质量的影响较为微弱。可能是因为青年群体的农村女性劳动力接受能力更强，受互联网影响更大，更愿意利用数字技能帮助自己搜寻职业信息，进而匹配更好、更灵活的工作，也能更充分利用数字资源和技术提高工作效率，提升主观就业质量的可能性更大。相比较而言，44 岁以上的农村女性受教育程度有限，对新鲜事物也不敏感，也正是“上有老下有小”的群体，多要肩负教育、养育和照料者的责任，闲暇时间不足，导致数字素养水平不高，数字技术深度使用受限，降低了工作的成就感和效率，从而使工作满意度更低。

（3）文化程度异质性分析。本研究基于样本的受教育年限，将样本中受教育年限小于 6 年的样本设为低文化程度组，将受教育年限大于 6 年小于 12 年的样本设为中文化程度组，将受教育年限大于 13 年的样本设为高文化程度组。文化程度的异质性分析结果见表 7 - 16 第（3）列所示。结果表明，数字素养对中、低文化程度的农村女性劳动力主观就业质量的影响系数为正，但对中文化程度的女性群体更显著。原因可能在于：随着智能手机和互联网的普及，文化程度低的农村女性会通过“干中学”提升数字素养，为工作提供便利。中等文化程度的群体对就业的期望较低，可能会利用数字设备和数字学习弥补文化程度的不足，学习具有更高的边际效应，相较于留守在农村务农的女性，获得更好工作的可能性更大。特别的是，数字素养对高文化程度的农村女性群体的主观就业质量的影响为负，且不显著，可能是因为高文化程度的农村女性群体面临工作稳定、工作收入更高的同时，也面临着更大的被替代、内卷带来的压力，进而影响了对工作满意度的主观感受。基于以上分析，数字素养在家庭特征、个体特征方面存在异质性影响，研究假说 H7 得到验证。

表 7-16　主观就业质量的异质性分析

变量	(1) 家庭异质性		(2) 年龄异质性		(3) 受教育文化程度异质性		
	低人均收入	高人均收入	16～43 岁	44～60 岁	低文化程度	中文化程度	高文化程度
数字素养	0.127**	0.344***	0.465***	0.185*	0.219**	0.277***	−0.076
	(0.061)	(0.062)	(0.073)	(0.107)	(0.101)	(0.053)	(0.091)
控制变量	控制	控制	控制	控制	控制	控制	控制
地区固定效应	控制	控制	控制	控制	控制	控制	控制
Wald 检验卡方值	143.640***	128.150***	162.63***	57.34***	83.42***	99.53***	19.100**
Pseudo R^2	0.088	0.081	0.096	582	0.095	0.061	0.030
观测值	702	720	840	0.048	261	761	400

注：括号内为稳健标准误；***、** 和 * 分别表示数据在 1%、5%和 10%的水平上显著。

7.4.6　进一步分析

进一步对数字素养进行拆解，分析不同维度的数字素养对农村女性劳动力主观就业质量的影响，估计结果如表 7-17 所示。结果显示，四个维度的数字素养对农村女性劳动力主观就业质量的影响各有差异。数字设备使用素养、数字学习素养和数字社交素养均对主观就业质量在 1%的水平上均存在一致性的正向影响，影响强度的顺序由大到小依次是数字社交素养、数字设备使用素养和数字学习素养。这表明数字设备使用技术、数字学习利于知识和技能的积累，从而改善主观就业质量。可能的原因是，数字设备使用素养和数字学习素养让农村女性劳动力通过使用数字设备，了解和学习了更多、更全面的信息和知识，提高了自身的自信心。数字社交素养分散了单一的生活，并形成了自己的社交网络，扩大了交际圈。而数字商业素养对主观就业质量没有显著的促进作用，究其原因，可能是因为互联网具有两面性，各种网络内容丰富了生活、促进了商品交易和消费，实质上对农村女性劳动力的就业意愿和上进心没有影响。

表 7-17 不同维度的数字素养对农村女性劳动力主观就业质量影响结果

变量	主观就业质量			
	模型（1）	模型（2）	模型（3）	模型（4）
数字设备使用素养	0.778*** (0.150)			
数字学习素养		0.155** (0.065)		
数字社交素养			0.885*** (0.118)	
数字商业素养				0.051 (0.072)
地区固定效应	控制	控制	控制	控制
Wald 检验卡方值	251.31***	244.110***	291.610***	240.020***
Pseudo R^2	0.089	0.080	0.097	0.078
观测值	1 422	1 422	1 422	1 422

注：括号内为稳健标准误；***、** 和 * 分别表示数据在 1%、5%和 10%的水平上显著。

7.5 本章小结

数字素养带来信息传播和社会交往方式的变化，增加了农村女性劳动力就业质量提高的机会。但数字素养水平存在个体差异，导致客观就业状况与主观就业评价可能不一致。因此，本章在理论分析数字素养与农村女性就业质量关系的基础上，采用回归模型和扩展回归模型验证了数字素养对农村女性劳动力主客观就业质量的影响，并通过机制模型，揭示了数字素养对农村女性劳动力就业质量的传导机制，并基于家庭特征和个体特征差异分析了其异质性影响。

第一，数字素养对农村女性劳动力的客观就业质量和主观就业质量都具有显著的促进作用，其中对主观就业质量的影响比对客观就业质量的影响更大。年龄和年龄的平方项对客观就业质量和主观就业质量的影响均存在U形关系。健康对主客观就业质量的影响均显著。教育对客观就业质量的影响较为显著，但对主观就业质量影响不显著。农村女性劳动力的就业选择不同，客观就业质量也有差异。受雇就业和外出就业都对客观就业质量的提高存在显著的促进作用。在家庭特征方面，家庭结构对主客观就业质量影响均显著，对客观就业质量影响更为显著。而家庭人均收入只对主观就业质量有显著正向影响。分位数回归分析发现，在不同的分位点上，数字素养的估计系数都是正向显著，且在较低分位点的影响更小，在高分位点的影响更大。另外，在主观就业质量分析方面，进行了数字素养对农村女性劳动力主观就业质量的边际效应分析，结果表明，数字素养高和选择受雇就业、外地就业的农村女性劳动力选择“非常满意”的概率分别显著增加了5.1%、4.3%和1.2%。这意味着数字素养、受雇就业和外地就业对农村女性劳动力主观就业质量的影响不仅在统计学上显著，而且具有较强的现实意义。研究结果用工具变量法检验后，研究结论仍然成立。

第二，为验证研究结果的可靠性，首先，采用Heckman两步法检验样本非随机选择就业参与的问题，逆米尔斯比例*lambda*的系数不显著，说明样本不存在选择偏差问题。其次，选取互联网使用对学习、社交、娱乐和商业活动的重要程度替换数字素养，进行更换解释变量稳健性检验。最后，将客观就业质量的估计方法替换为面板Tobit模型，将主观就业质量的估计方法替换为Ologit模型作为参照，进行更换估计方法的稳健性检验。结果表明，替代的解释变量与估计方法的分析结果与主回归分析结果相近，验证了本章研究结论的稳健性。

第三，进行机制分析发现，信息渠道拓展、社会资本对农村女性劳动力的客观就业质量有显著正向影响，数字素养水平有利于拓展信息渠道和提高社会资本。因此，信息渠道和社会资本也是数字素养提升客观就业质量的重要传递机制。相对收入评价对农村女性劳动力的主观就业质量有显著弱化作用，数字素养水平降低了农村女性劳动力的相对收入评价。因此，相对收入评价是数字素养弱化主观就业质量的机制。

第四，数字素养因农村女性劳动力家庭特征和个体特征的差异而对就业质量存在异质性。在客观就业质量方面，数字素养对人均家庭纯收入低的农村女性劳动力的客观就业质量提升效果显著，且主要集中在16～43岁青年群体。数字素养对低文化程度的农村女性劳动力客观就业质量的影响不显著，对高文化程度的农村女性劳动力客观就业质量促进作用更明显。在主观就业质量方面，数字素养对于人均家庭纯收入高的农村女性劳动力群体主观就业质量的提升效果更显著。数字素养对农村女性劳动力主观就业质量的正向影响主要集中在16～43岁青年群体。对中低文化程度的农村女性劳动力主观就业质量的影响系数为正，但对中等文化程度的农村女性劳动力更显著。对高文化程度的农村女性劳动力的主观就业质量的影响系数为负。

第五，对客观就业质量进行分位数回归分析发现，在不同的分位点上，农村女性劳动力的数字素养的估计系数均显著为正，与理论分析和基准估计的结果一致。研究还对数字素养各维度的影响进行了探索。分析发现，数字学习素养和数字商业素养对就业质量影响均显著，数字学习素养影响力更大。在工作稳定性方面，数字学习素养和数字商业素养都影响显著。在工作强度方面，数字设备使用素养和数字社交素养与工作强度正相关，表明数字素养增加了工作的强度。在工作保障方面，数字设备使用素养有显著影响，其他维度无显著影响。工作收入方面，数字学习素养和数字商业素养对工作收入的影响均存在一致性的正向影响。在主观就业质量方面，数字设备使用素养、数字学习素养和数字社交素养均对主观就业质量有正向促进作用，作用强度的顺序由大到小依次是数字社交素养、数字设备使用素养和数字学习素养。而数字商业素养对主观就业质量的影响不显著。

8 研究结论、对策建议与研究展望

随着我国“三农”工作重点由脱贫攻坚转向全面推进乡村振兴，农业农村现代化进程加快，促进农村女性劳动力高质量就业，不仅是提升农村女性社会地位的必然要求，也是促进城乡融合发展的迫切需要。当下，农村数字经济总体呈较快发展态势，数字应用不断赋能农民，绘就出农村新画卷。本研究基于农村数字经济发展和高质量就业战略实施的背景，将农村女性劳动力作为研究对象，在理论层面深入剖析数字素养与农村女性劳动力就业的因果关系，探究了数字素养影响农村女性劳动力就业的作用机制，进一步考察了农村女性劳动力不同特征下数字素养对就业影响的异质性。本章对全书进行总结，基于本书的研究结论，提出对策建议。

8.1 主要研究结论

其一，数字素养与劳动参与存在正向显著关系，数字素养使得农村女性劳动者劳动参与的可能性上升。数字素养不仅拓宽了农村女性劳动者劳动参与的广度，还增加了其非农参与的可能。不同数字素养维度对农村女性劳动参与及非农参与的影响各有差异。其中，数字设备使用素养和数字学习素养均对农村女性劳动参与有正向促进作用，且数字设备使用素养的促进作用大于数字学习素养。数字学习素养、数字社交素养和数字商业素养均正向影响非农参与，影响程度的顺序为数字社交素养、数字商业素养和数字学习素养，数字社交素养的影响最显著。

其二，数字素养对劳动参与的影响，因农村女性劳动力家庭特征和个体特征的差异而存在异质性。数字素养对高人均收入组劳动参与及非农参与的影响更显著。数字素养对农村女性劳动力中 44～60 岁群体的劳动参与和非农参与均更为显著。对中文化程度组的劳动参与的影响更显著，而对低文化程度组的影响不显著。可见，数字素养更有助于提升44～60岁农村女性和中等文化程度农村女性的就业参与可能性，缓解不同群体之间的就业机会差距，分享数字经济发展成果。

其三，数字素养对农村女性劳动力的受雇就业、服务业就业和外出就业都具有显著的正向促进作用，即数字素养促进了受雇就业和外地就业及服务业就业，对服务业就业的正向影响更大。四个维度的数字素养对农村女性劳动力就业选择的影响各有差异。数字设备使用素养、数字社交素养和数字商业素养对受雇就业选择的回归系数均显著且为正。在数字素养各维度对就业行业选择的影响中，数字社交素养和数字商业素养的影响显著。数字学习素养和数字商业素养对外出就业选择的影响尤为显著。

其四，在数字素养影响农村女性劳动力就业选择的作用机制方面，拓展信息渠道和工作自主性及社会资本是农村女性劳动力数字素养对就业选择发挥促进效应的重要渠道。换言之，高数字素养水平有利于信息渠道拓展、工作自主性的提高和社会资本增强。

其五，数字素养对就业选择的影响存在异质性。数字素养对于低人均纯收入组的就业类型和就业地选择影响显著。在就业行业选择方面，影响力主要集中在高人均收入组。数字素养对农村女性劳动力就业类型和就业地选择的影响主要集中在16～43岁群体，对就业行业选择的影响集中在44～60岁群体。数字素养对低文化程度组的就业类型和就业行业的选择影响均显著，对就业地选择的影响主要集中于高文化程度组。

其六，数字素养对农村女性劳动力的客观就业质量和主观就业质量都具有显著的促进作用，对主观就业质量的影响比对客观就业质量的影响更大。农村女性劳动力的就业选择不同，客观就业质量也有差异。受雇就业和外出就业都对客观就业质量的提高存在显著的促进作用。分位数回归分析发现，在不同的分位点上，数字素养的估计系数都是正向显著，且在较低分位点的影响更小，在高分位点的影响更大。另外，在主观就业质量分析方面，进行了数字素养对农村女性劳动力主观就业质量的边际效应分析，结果表明，数字素养高和选择受雇就业、外地就业的农村女性劳动力选择“非常满意”的概率显著分别增加了5.1%、4.3%和1.2%。这意味着数字素养、受雇就业和外地就业对农村女性劳动力主观就业质量的影响不仅在统计上显著，而且具有较强的现实意义。

其七，将数字素养按维度分析发现，数字学习素养和数字商业素养对客观就业质量的影响均显著，其中数字学习素养的影响力更大。在工作稳定性方面，数字学习素养和数字商业素养都影响显著。在工作强度方面，数字设备使用素养和数字社交素养与工作强度正相关，表明数字素养增加了工作强度。在工作保障方面，数字设备使用素养有显著影响，其他维度无显著影响。工作收入方面，数字学习素养和数字商业素养对工作收入的影响均存在一致性的正向影响。分维度分析对主观就业质量的影响发现，数字设备使用素养、数字学习素养和数字社交素养均对主观就业质量有正向促进影响，影响强度的顺序由大到小依次是数字社交素养、数字设备使用素养和数字学习素养。而数字商业素养对主观就业质量的影响不显著。

其八，通过影响机制检验发现，信息渠道和社会资本也是数字素养提升客观就业质量的重要传递机制。换言之，数字素养带来的信息渠道效应，解决了农村女性劳动力首要的就业问题，也建立了用人单位与自身的就业信息交流的平台，提高了人岗匹配的有效性。主观就业质量的机制分析发现，相对收入评价对农村女性劳动力的主观就业质量有显著弱化作用，数字素养水平降低了农村女性劳动力的相对收入评价。这意味着，相对收入评价是数字素养弱化主观就业质量的机制。

其九，数字素养对客观就业质量的影响的异质性影响表现为：数字素养对于低人均收入组的农村女性劳动力的就业质量提升效果均显著。年龄上看，正向影响主要集中在16～43岁青年群体。从受教育程度上看，对高文化程度的农村女性劳动力群体就业质量促进作用更明显。可见，数字素养对16～43岁和高文化程度的农村女性青年群体更有优势。而数字素养对主观就业质量的影响则表现为：数字素养对于高人均收入组的农村女性劳动力群体主观就业质量的提升效果更显著。从年龄来看，正向影响主要集中在16～43岁青年群体，对中文化程度的女性群体的影响更显著，但对高文化程度的农村女性群体的主观就业质量的影响系数为负。

8.2 理论启示

数字素养对农村女性劳动力就业的影响的理论启示主要体现在以下几个方面。

第一，本研究是对现有关于数字能力与就业理论相关研究的有益补充。研究试图突破以往研究多着眼于数字经济对劳动力就业影响的宏观层面或劳动力整体视角研究的局限，将研究延伸到就业形势更严峻的农村地区。以农村女性劳动力为研究对象，关注数字经济时代对其就业问题的影响，主要从劳动参与和就业选择及就业质量视角检验数字素养能否对她们产生有利影响，并探讨了影响的细分差异，不仅是对当前数字技术使用和数字能力相关研究的有效补充，也是对数字技术发展与民生关系探讨的学术回应，同时也丰富了农村女性就业的研究视域，拓展了农村地区数字赋能促进农村发展的相关研究。

第二，本研究的分析结果深化了对性别与个人经济行为关系的理解。本研究通过聚焦数字素养这一重要因素，探讨了数字素养如何影响农村女性劳动力的就业状况，深化了我们对性别因素在个人经济行为中作用的理解。作为劳动力市场上最脆弱的群体之一的农村女性劳动力，她们的劳动参与机会与家庭和受教育程度有密切关系，且与男性存在较大的收入差距，在工作中缺乏充足的社会保障措施的保护，特别是非正规就业的劳动力。较高的工作强度也降低了农村女性劳动力的就业质量。本研究不仅分析数字素养提升农村女性劳动力就业的经济效应，还进一步研究其缓解女性就业歧视的社会效应，揭示了性别差异在数字技能获取、应用以及就业市场机会方面的具体表现，从而帮助我们更全面地认识性别对个人经济决策的影响，跟进了相关领域的性别平等研究的包容性。

第三，本研究为农村女性劳动力就业的改善提供了政策启示。本研究在理论分析的基础上，构建并检验了"数字素养—信息渠道拓展—就业类型选择，数字素养—工作自主性—就业行业选择，数字素养—社会资本—就业选择""数字素养—信息渠道拓展及社会资本—客观就业质量"和"数字素养—相对收入评价—主观就业质量"作用机制构架。为有重点的干预措施和努力提高数字认知和数字技术使用能力提供了参考，也为就业的性别平等政策的完善及其落地生根提供了政策启示。

综上所述，数字素养与农村女性劳动力就业研究的理论启示在于强调数字素养对农村女性劳动力就业的重要性，以及政策支持在推动农村女性数字素养提升中的积极作用，以推动乡村振兴和农村经济社会的全面发展。

8.3 对策建议

就业乃民生之本。数字素养体现了人应用数字技术的能力和实力，数字经济时代用人单位对劳动者的数字素养的要求越来越高。本研究在理论分析的基础上，研究了数字素养对农村女性劳动力就业的影响及作用机制，对于政府推动数字乡村基础设施建设、缩小城乡数字鸿沟，加强农民数字技术应用能力培训、促进农村劳动力尤其是农村女性劳动力高质量就业的政策完善有重要的参考价值。基于本书的研究结论，本部分提出以下对策建议。

8.3.1 政府对策

其一，正确预测劳动力市场变化，精准提升农村女性劳动力数字素养。本研究实证检验了数字素养对就业的积极影响，表明了数字素养对就业的重要性。因此，本研究把提升农村女性劳动力的数字素养水平作为首要的建议内容。在正确预测劳动力市场变化及其对数字素养要求的基础上，加大数字设施建设力度，精准提供培育和提升农村女性数字素养的支持，激发农村女性主客观就业质量提升的内生动力。

首先，了解农村女性劳动力的就业意愿，有针对性地提供劳动市场就业支持。数字素养对农村女性劳动参与有市场信息拓展效应，对于低素养水平的农村女性，可能存在失业或低水平就业的风险，明确对称的就业市场信息有利于农村女性了解劳动市场需求，便于农村女性对照需求更好地做到相应能力的改进，从而释放其就业潜力，提高就业效率，实现农村劳动力资源的市场优化配置。

其次，持续加大数字基础设施建设。数字基础设施的建设意味着更多的数字工具和设备将普及农村地区。这将使得农村女性劳动力更容易接触到并学习使用这些工具和设备，从而提高她们的数字技能水平。例如，随着农村地区的网络覆盖和智能手机普及率的提高，农村女性劳动力将更容易获取和使用数字资源。因此，要持续加大农村数字基础设施建设，立足数字经济发展的大趋势，加大农村5G基础设施的建设，提高数字设施可及性和数字产品对农村女性的服务能力，同时完善就业服务平台的功能，帮助她们获取更多的就业、创业和市场信息。同时，还可以设立专门的咨询机构或热线，为她们提供数字技能方面的咨询和帮助。

再次，加强数字化教育和数字技能的培训。为满足农村女性对数字生活、工作和学习的需求，政府部门应制定有序的培训计划，设计有针对性的培训内容，大力发展数字教育培训资源，向农村女性劳动力提供高品质、免费数字教育的资源和线上学习的咨询服务，并利用视频、动画、虚拟现实和直播等多种载体，以通俗易懂的语言形式，提升其数字素养和就业技能，增强就业的信心，做到精准扶持，打破农村性别数字鸿沟、女性城乡数字鸿沟，促进农村劳动力对数字资源的深度使用。对农村女性而言，无论是劳动者还是消费者，都客观上对数字素养的要求更高，数字化教育和数字技能培训能满足这一客观要求，不仅提高了农村女性的劳动能力，还降低了农村女性劳动力就业搜寻成本，有利于提高农村女性劳动力就业决策的确定性，从而发挥数字素养的就业促进作用。

最后，提供数字技能的实践机会和使用场景，强化农村女性的数字文化意识。除了数字素养的提升培训和教育外，还应为农村女性提供更多的实践机会和场景。可以通过宣传数字技术的优势和应用场景、推广数字文化和价值观等方式，增强她们对数字技术的认知和信任度，并组织她们参与数字治理、数字农业、电子商务、数字营销等领域的实践活动，提高她们的数字参与度和归属感，让她们在实践中学习和掌握数字技能。同时，还可以鼓励她们积极参与线上社交、网络购物等活动，在提高她们的数字应用能力的同时，还利于培养她们的数字文化和意识，全面提高她们的数字素养和数字应用能力。

其二，建立数字就业服务体系，完善家庭与职业发展兼顾的就业政策。首先，培育和积累农村女性的社会资本。受户籍及家庭因素的影响，农村女性劳动力建立的社会资本易被身份、地缘或宗族等弱化，通过营造公平和包容的就业环境，建立数字化就业服务体系，提高社会对农村劳动力从事的新职业、新岗位的社会认同度，有利于农村女性获得更好的人际关系网络，增强了社会资本对就业的正面促进作用。其次，提供包容性和配套性公共政策。农村女性就业决策的影响因素较多，其中家庭责任和性别角色可能是影响农村女性就业决策的关键因素。为了更好地体现农村女性劳动参与的自身价值和市场价值，着重推行家庭友好型公共政策，如增加儿童托育服务投入，给予女性劳动者带薪休假福利，提供社会养老照料服务等。通过劳动相关的福利投入带来更有效的劳动参与，以促进家庭责任与职业发展兼顾，增加家庭收入，夯实家庭的稳固性。再次，完善农村女性劳动力就业权益保障。政府完善就业权益保护相关法律及法规，提高农村女性就业安全感，应更加重视改善工作场所的工作环境，保障劳动安全。落实养老保险和医疗保险等社会保障，增强农村女性就业的安全性与规范性。限制非法延长劳动时间，避免农村女性承受过度劳动风险。保持员工利益诉求渠道畅通，切实保障农民工的合法收入权益。另外，加快农村社会养老服务体系建设，使其能够及时享受相应的养老、医疗、工伤、失业等基础社会保障。最后，倡导性别平等和女性思想独立，减少数字平台不良内容对农村女性心理的干扰。创造公平的就业环境，破除劳动力就业壁垒，提升政策性别敏感，构建性别平等的共识，努力减少就业性别歧视，促进女性再就业和自身发展。平台资源是信息技术发展的产物，提供了更便捷的收集、存储和可利用的信息，但平台上信息内容混杂，存在大量过分营销、不实炒作和夸大财富等现象，对农村女性的认知容易产生负面影响。所以，政府要进一步落实网络“净化”政策，正确引导网络舆论风气和走向，利用网络引导并传达正确的价值观、消费观，培养乐观向上的人生态度和积极进取的思维方式，为农村女性的社交和学习提供良好的网络生态环境。

其三，推进乡村产业融合发展，提高农村女性就近就业质量。首先，推动乡村产业升级。鼓励新时代青年返乡就业、创业，支持农民参与农业产业化经营，引入现代农业技术和管理模式，例如智能农业装备、绿色生态农业技术等，推动农业生产与农产品加工业、农村电商、乡村旅游等产业深度融合，提高乡村产业发展的效率和质量，有力保障应有的劳动权益，提高本地就业质量。这将为农村女性提供更多的就业机会和创业空间，提高她们的就业质量和收入水平。其次，发挥基层组织引领作用，提高农村女性就近就业竞争力。积极发挥社区组织、妇女联合会等基层组织的引领作用，为农村女性提供更多的交流和合作机会，帮助她们拓展人际关系和就业渠道。鼓励农村女性积极参与社区活动，提高她们的社会认同感和归属感。针对农村女性劳动力的特点和需求，开展适合她们的职业技能培训。包括乡村旅游接待、手工艺制作等，帮助她们掌握一技之长，提高就业竞争力。同时，可以通过基层组织建立与当地企业的合作，实现贴近实际的快速就业。最后，拓宽农村女性就业渠道。数字资源不断向农村下沉，各种新业态也不断兴起，要鼓励农村女性接受新挑战，在促进小农户与现代农业的有效衔接进程中，增加农村女性就业选择的灵活性和多样性，鼓励和支持农村女性从事各类服务业，如家政服务、养老服务、教育培训等，还可以鼓励她们参与农村旅游、文化创意、健康养老等新兴产业的发展，以此获得更多的就业机会和创业机会，帮助农村女性实现多样化就业，促进她们就近就业。

8.3.2 农村女性自身对策

其一，提高农村女性自身对数字素养的认知程度和积极心态。首先，随着数字生活在农村的普及，农村女性要意识到数字素养的重要性，并将其视为提升自我、融入现代社会的重要途径，并树立积极的数字学习态度，最大程度提升自己的数字素养和就业能力。其次，设定明确的目标。根据自身需求和兴趣，设定具体的数字技能学习目标。农村女性劳动力的时间较为碎片化，在数字设备允许的情况下，可利用各种平台资源和优质推荐内容学习更多使用智能手机的基本操作、掌握在线购物流程等。将目标分解为可操作的步骤，并制定相应的学习计划。

其二，农村女性自己积极学习数字技能。数字技能与就业密不可分，相比而言，农村女性的数字素养处于劣势，要注重自我学习。首先，不仅要主动学习基础的计算机操作、互联网使用技能，如文字处理、信息网络搜索等，还要学习专业的数字技能，如社交媒体管理、订单处理、售后服务、品质保障等，提高在当今的就业市场中的技能，提升自己的就业优势。其次，参与培训课程和研讨会。积极参加当地政府、社区组织提供的数字技能培训课程，了解行业最新动态和趋势，在拓宽视野同时，学习新的能力，如家政服务能力、乡村旅游服务能力、手工艺制作能力。最后，培养创新思维和跨界能力。农村的规模经营是主要趋势，农村女性在学习数字技能的过程中，注重培养创新思维和跨界能力，以适应不断变化的市场需求，尝试将数字技能与其他领域的知识相结合，创造出新的就业机会和就业模式，如农村经济小组或巾帼经济组织。

其三，建立数字社交网络，增强自身的社会资本。首先，加入与就业相关的社交媒体群组或论坛，与同行交流经验，了解行业动态，积累人脉。扩大自己的社交圈子，与志同道合的人交流，分享经验和资源，从而建立更广泛的社交网络。其次，加强网络安全意识。在数字生活中，农村女性需要加强网络安全意识，学会保护自己的个人信息和隐私，避免遭受网络诈骗和攻击。同时，也需要学会辨别信息的真伪和价值，避免被不良信息误导或利用。

8.4 不足之处与研究展望

本研究着眼于探索数字经济快速发展和高质量就业背景下数字素养对农村女性劳动力就业的影响，利用的是全国性追踪调查数据和统计学方法、计量经济学方法进行量化分析和实证检验，旨在为相关理论研究及政策制定提供一些贡献。但数字素养对就业的影响是一项复杂的研究问题，受到个人能力和数据约束，研究尚存在一些不足之处，需要在后续研究中进一步补充和完善。

第一，样本选择范围可进一步扩大。本研究中虽然使用了多期全国追踪调查数据，覆盖面广，且具有代表性，大大提高了研究结论的可靠性。然而，2022年农村劳动力监测数据显示，当前农村有超过1亿名女性劳动力，因地区经济发展和个体特征不同，就业选择和就业质量及满意度有非常大的差异。在样本可获得性和有效性基础上，本研究并未能覆盖所有地区样本，为获得更大量的数据，后续研究可以通过其他公开数据库如“中国家庭金融调查数据”或“中国乡村振兴综合调查”对研究主题进行更加深入的探究，同时可以考虑样本来源地和差异性对不同行业对象的就业进行分析。

第二，影响机制的深入探讨。就业行为受多方面因素的影响，本研究从信息渠道拓展、社会资本和工作灵活性的角度探讨了数字素养对农村女性劳动力就业的影响机制。然而，数字素养影响就业选择和就业质量及主观就业质量的渠道有很多，如非认知能力、其他心理因素等，在后续研究中需要不断丰富和进一步探索。

第三，就业研究内容的其他拓展。研究中探索了就业选择、就业质量及主观就业质量的内容，其中，就业选择只考虑了就业类型、就业行业和就业地区，实际上，农村女性劳动力就业有更多的选择，如就业类型选择除自雇和受雇外，还有灵活就业、非正规就业、兼业、多重就业、个体经营等类型。而就业行业，除有三次产业区分，还有劳动密集型行业、资本密集型行业和技术密集型行业的区分。就业质量的内容有更广的内容，除研究中涉及的收入、劳动合同、社会保障和工作时间外，还包括工作福利、工作中断次数、更换工作频率、结社自由等。关于工作满意度本研究也只验证了数字素养对工作整体满意度的影响，实际上，满意度还有工作环境满意度、工作晋升满意度等内容。因此，在后续研究中，如能找到合适的数据，需要进一步对就业其他可能的影响因素进行深入剖析与实证检验，以增加研究的多样性。

REFERENCES 参考文献

边恕，熊禹淇，2022. 新就业形态下流动人口教育回报率的性别差异研究［J］. 社会保障研究（4）：33－44.

卜卫，蔡珂，2023. 数字素养、性别与可持续发展——从“性别与发展”理论视角探讨数字环境下如何促进性别平等的发展［J］. 妇女研究论丛（3）：44－57.

蔡昉，2010. 人口转变、人口红利与刘易斯转折点［J］. 经济研究，45（4）：4－13.

蔡昉，2023. 如何利用数字经济促进共同富裕？［J］. 东岳论丛，44（3）：118－192.

曹静，周亚林，2018. 人工智能对经济的影响研究进展［J］. 经济学动态（1）：103－115.

曹振祥，储节旺，2023. 移动设备用户的数字素养对信息安全保护意愿和行为的影响研究——基于 Ordered Probit 模型的估计［J］. 情报杂志，42（11）：199－207.

陈贵富，韩静，韩恺明，2022. 城市数字经济发展、技能偏向型技术进步与劳动力不充分就业［J］. 中国工业经济（8）：118－136.

陈强，2014. 高级计量经济学及 Stata 应用［M］. 2 版．北京：高等教育出版社．

陈婷婷，2018. 生育代价、社会资本与流动女性的就业质量——基于全国样本的监测数据［J］. 广东社会科学（1）：200－209.

陈卫民，韩培培，2023. 互联网使用对个人就业质量的影响——基于 CFPS 数据的实证分析［J］. 西北人口，44（1）：1－14.

陈向东，张凤，Paul M A Baker，2020. 零工经济与分享经济对劳动的再造与提升［J］. 中国软科学（1）：21－29.

陈晓云，2007. 就业概念的后现代认识论诠释——兼论政府与市场在促进就业中的职责与分工［J］. 西北师大学报（社会科学版），194（4）：14－18.

陈玉明，崔勋，2014. 代际差异理论与代际价值观差异的研究评述［J］. 中国人力资源开发（13）：43－48.

程丽香，2002. 现阶段农村妇女就业问题实证分析——以福建省福清市为例［J］. 中共福建省委党校学报（10）：63－66.

程名望，史清华，顾梦蛟，2013. 农民工城镇主观就业质量及其影响因素：模型与实证［J］. 经济理论与经济管理（5）：35－44.

参 考 文 献

仇化，尹志超，2023. 数字化转型、信息搜寻与女性高质量就业 [J]. 财贸经济，44 (7)：124-141.

单德朋，张永奇，王英，2022. 农户数字素养、财产性收入与共同富裕 [J]. 中央民族大学学报（哲学社会科学版），49 (3)：143-153.

丁从明，李汪南，黄雪洋，2020. 签订正式劳动合同可以提高员工工作满意度吗？[J]. 财经研究，46 (10)：139-153.

丁琳，王会娟，2020. 互联网技术进步对中国就业的影响及国别比较研究 [J]. 经济科学 (1)：72-85.

丁述磊，刘翠花，2022. 数字经济时代互联网使用对就业质量的影响研究——基于社会网络的视角 [J]. 经济与管理研究，43 (7)：97-114.

董丽丽，金慧，李卉萌，等，2021. 后疫情时代的数字教育新图景：挑战、行动与思考——欧盟《数字教育行动计划（2021—2027 年）》解读 [J]. 远程教育杂志，39 (1)：16-27.

樊茜，金晓彤，徐尉，2018. 教育培训对新生代农民工就业质量的影响研究——基于全国 11 个省（直辖市）4 030 个样本的实证分析 [J]. 经济纵横 (3)：39-45.

范红丽，辛宝英，2019. 家庭老年照料与农村妇女非农就业——来自中国微观调查数据的经验分析 [J]. 中国农村经济 (2)：98-114.

封铁英，刘媛，2022. 数字时代互联网使用对老年人主观阶层认同的影响研究 [J]. 西安交通大学学报（社会科学版），42 (2)：122-131.

高文书，2006. 进城农民工就业状况及收入影响因素分析——以北京、石家庄、沈阳、无锡和东莞为例 [J]. 中国农村经济 (1)：28-34，80.

葛笑如，王燕，2010. 农民工就业资本的身份因素分析 [J]. 生产力研究 (9)：41-43，261.

关爱萍，刘可欣，2018. 农村女性人力资本对家庭收入的影响——基于甘肃省贫困村的实证分析 [J]. 人口与发展，24 (4)：37-47.

郭东杰，周立宏，陈林，2022. 数字经济对产业升级与就业调整的影响 [J]. 中国人口科学 (3)：99-110，128.

郭凤鸣，常慧，林嵩淇，2023. 二胎生育对女性工作时间和就业的影响 [J]. 青年研究 (4)：55-68，95-96.

郭庆，2020. 社会融入与新生代农民工就业质量差异 [J]. 华南农业大学学报（社会科学版），19 (4)：56-66.

郭圣乾，唐雪，2020. 工作压力、工作动机与农民工工作满意度的实证分析 [J]. 统计与决策，36 (18)：58-61.

国家人口和计划生育委员会流动人口服务管理司，2010. 中国流动人口发展报告 2010 [M]. 北京：中国人口出版社：41.

韩叙，夏显力，2019. 社会资本、非正规就业与乡城流动人口家庭迁移 [J]. 华中农业大学学报（社会科学版）(3)：111－119，164.
何婧，李庆海，2019. 数字金融使用与农户创业行为［J］. 中国农村经济（1）：112－126.
何勤英，刘国庆，邹小园，2022. 互联网使用对农村劳动力就业选择的影响——基于正规和非正规就业的实证研究［J］. 农林经济管理学报，21（4）：385－394.
何怡萱，刘昕，2020. 青年流动人口的城市融入研究——基于2017年北京流动人口动态监测数据［J］. 湖北社会科学（1）：61－68.
何宜庆，熊子怡，张科，等，2023. 数字经济发展、非农就业与农民增收［J］. 统计与决策，39（16）：111－115.
贺建风，费潮生，张晓静，2021. 通勤时间对工作满意度的影响效应研究——来自CFPS数据的经验证据［J］. 调研世界（6）：20－29.
侯俊军，张莉，窦钱斌，2020. “机器换人”对劳动者工作质量的影响——基于广东省制造企业与员工的匹配调查［J］. 中国人口科学（4）：113－125，128.
胡斌红，杨俊青，2019. 农民工为何“偏爱”大城市？——基于城市规模与农民工就业质量的研究［J］. 学习与实践（6）：24－34.
胡放之，2021. 数字经济、新就业形态与劳动力市场变革［J］. 学习与实践（10）：71－77.
胡南燕，胡永浩，罗屹，等，2024. 农户数字素养提升能降低小麦储存损失吗？［J］. 中国农业大学学报，29（4）：1－11.
胡祎，张正河，2022. 职业培训对农民非农就业行为及特征的影响——基于内生处理效应模型的净效应估计［J］. 改革（4）：110－126.
胡莹，2022. 我国平台零工劳动的机遇与挑战［J］. 人民论坛（10）：60－62.
华淑名，陈卫民，2020. 隔代照料支持对青年女性非农就业的影响［J］. 青年研究（1）：60－73，96.
黄芳，2001. 农业现代化进程中农村妇女就业问题研究［J］. 农业现代化研究（4）：198－202.
黄莉芳，王芳，王爱华，等，2018. 新生代农民工服务业就业及其影响因素［J］. 西北人口，39（2）：16－23.
江艇，2022. 因果推断经验研究中的中介效应与调节效应［J］. 中国工业经济（5）：100－120.
姜继红，汪庆尧，2007. 社会资本与就业行为的实证研究［J］. 扬州大学学报（人文社会科学版）(6)：70－74.
金一虹，2001. 城市化——妇女发展的又一机遇与挑战［J］. 妇女研究论丛（6）：4－10.
靳小怡，杨姣，杜巍，2022. 家庭人口禀赋对农村已婚女性劳动参与的影响——基于西部县域调查数据的分析［J］. 北京工业大学学报（社会科学版），22（5）：85－100.
康晨，张宗利，徐志刚，2021. 代际支持、女性劳动供给与中国性别工资差异收敛——基于性别分工的视角［J］. 财经研究，47（4）：124－138.

李飏，赖德胜，高曼，2021. 互联网使用对生育率影响研究［J］. 南方人口，36（2）：65-80.

李春秋，张萌，章茨，等，2023. 数字乡村建设背景下农民数字素养框架的构成及其内涵［J］. 图书情报知识，40（3）：62-71.

李建奇，2022. 数字化变革、非常规技能溢价与女性就业［J］. 财经研究，48（7）：48-62.

李礼连，程名望，张珩，2022. 公共就业服务提高了农民工就业质量吗？［J］. 中国农村观察（4）：134-152.

李丽，2022. 数字经济对就业的影响及应对策略［J］. 经济问题（4）：37-42.

李梦娜，周云波，王梓印，2023. 数字经济能否缓解农民工相对贫困——基于城市规模视角［J］. 中国农村经济（9）：48-73.

李旻，赵连阁，2009. 中国农村妇女就业模式变化的分析研究［M］. 北京：中国农业出版社.

李楠，何雄，2023. 数字普惠金融对已婚女性劳动参与的影响——基于子女不同受教育阶段的讨论［J］. 财经论丛（9）：59-68.

李强，龙文进，2009. 农民工留城与返乡意愿的影响因素分析［J］. 中国农村经济（2）：46-54，66.

李睿，刘永文，刘文洵，等. 农村数字金融发展对家庭金融风险的影响研究［J］. 金融理论与实践（12）：92-104.

李善民，叶会，2007. 控制权私有收益、代理问题和企业并购过程研究［J］. 南方经济（12）：54-62.

李汪洋，谢宇，2016. 中国儿童及青少年职业期望的性别差异［J］. 青年研究（1）：75-83，96.

李五荣，周丹，李雪，2022. 数字鸿沟对农村人均收入的影响及机制研究——基于中国家庭追踪调查（CFPS）数据的实证分析［J］. 西南民族大学学报（人文社会科学版），43（10）：116-127.

李晓静，陈哲，夏显力，2022. 数字素养对农户创业行为的影响——基于空间杜宾模型的分析［J］. 中南财经政法大学学报（1）：123-134.

李晓钟，李俊雨，2022. 数字经济发展对城乡收入差距的影响研究［J］. 农业技术经济（2）：77-93.

李怡，柯杰升，2021. 三级数字鸿沟：农村数字经济的收入增长和收入分配效应［J］. 农业技术经济（8）：119-132.

李永春，刘天子，2022. 人力资本理论的发展及其公共教育政策的呈现［J］. 教育与经济，38（3）：73-80.

李勇辉，沈波澜，李小琴. 儿童照料方式对已婚流动女性就业的影响［J］. 人口与经济，

2020（5）：44－59.
梁海艳，2019. 中国流动人口就业质量及其影响因素研究——基于 2016 年全国流动人口动态监测调查数据的分析 [J]. 人口与发展，25（4）：44－52.
林龙飞，祝仲坤，2022. "稳就业"还是"毁就业"？数字经济对农民工高质量就业的影响 [J]. 南方经济（12）：99－114.
凌珑，2022. 就业质量与居民主观福利——基于中国劳动力动态调查的实证研究 [J]. 统计研究，39（10）：149－160.
刘传江，覃艳丽，李雪，2018. 网络社交媒体使用、社会资本积累与新时代农业转移人口的城市融合——基于六市 1 409 个样本的调查 [J]. 杭州师范大学学报（社会科学版），40（6）：98－108.
刘翠花，2022. 数字经济对产业结构升级和创业增长的影响 [J]. 中国人口科学（2）：112－125，128.
刘翠花，丁述磊，2018. 非正规就业对居民工作满意度的影响——来自中国劳动力动态调查数据的经验分析 [J]. 当代经济管理，40（11）：70－79.
刘翠花，戚聿东，2023. 数字经济促进就业扩容提质的理论逻辑、作用机理与推进路径 [J]. 理论学刊（4）：129－141.
刘生龙，胡鞍钢，2023. 中国经济发展趋势：机遇与挑战（2021—2035）[J]. 甘肃社会科学（1）：195－207.
刘欣，2022. 相对剥夺地位与阶层认知 [J]. 社会学研究（1）：81－90.
刘越，姚顺波，2016. 农村已婚女性就业现状及其影响因素 [J]. 西北农林科技大学学报（社会科学版），16（5）：129－135.
刘长全，2022. 权利认知对农民工就业质量的影响及其异质性——基于样本选择分位数回归的分析 [J]. 人口与发展，28（3）：2－14.
刘振，戚伟，刘盛和，等，2023. 中国城市流动人口就业行业选择分异及影响因素 [J]. 地理科学进展，42（6）：1055－1068.
卢飞，徐依婷，2018. 农村青年离婚"女性主导"现象及其形成机制——基于性别理论视角和四川 S 市 5 县（区）的考察 [J]. 湖南农业大学学报（社会科学版），19（2）：43－48.
卢海阳，杨龙，李宝值，2017. 就业质量、社会认知与农民工幸福感 [J]. 中国农村观察（3）：57－71.
卢青青，2021. 半工半家：农村妇女非正规就业的解释 [J]. 农林经济管理学报，20（3）：402－410.
陆镜名，仇焕广，苏柳方，等，2023. 数字能力能否促进牧户增收——来自典型牧区的经验证据 [J]. 中国农村经济（12）：85－105.
罗明忠，林玉婵，2023. 就业质量、阶层定位与女性幸福感 [J]. 学术研究（7）：92－101.

罗明忠，罗琦，刘恺，2016. 就业能力、就业稳定性与农村转移劳动力城市融入 [J]. 农林经济管理学报，15 (1)：56-65.

罗明忠，邱海兰，陈小知，2021. 农机投资对农村女性劳动力非农就业转移影响及其异质性 [J]. 经济与管理评论，37 (2)：127-137.

吕康银，陈思，贾利雯，2023. 数字经济如何影响就业选择？——基于工作动机的作用机制 [J]. 经济与管理研究，44 (12)：24-43.

马丽，马梦媛，2019. 边界管理匹配与工作满意度——工作—家庭促进的中介作用 [J]. 软科学，33 (10)：82-86，92.

马丽，杨艳梅，2022. 农民数字素养赋能乡村振兴的理论机制与路径研究 [J]. 农业经济与管理 (6)：46-54.

毛晶晶，路琳，史清华，2020. 上海农民工就业质量影响因素研究——基于代际差异视角 [J]. 中国软科学 (12)：65-74.

毛宇飞，胡文馨，曾湘泉，2021. 扩大抑或缩小：互联网使用对户籍工资差距的影响——基于 CGSS 数据的经验证据 [J]. 财经论丛 (2)：3-12.

孟祺，2021. 数字经济与高质量就业：理论与实证 [J]. 社会科学 (2)：47-58.

明娟，王明亮，2015. 工作转换能否提升农民工就业质量？[J]. 中国软科学 (12)：49-62.

莫怡青，李力行，2022. 零工经济对创业的影响——以外卖平台的兴起为例 [J]. 管理世界，38 (2)：31-45，3.

倪宣明，贺英洁，武康平，等，2022. 人口老龄化、移民与经济增长 [J]. 系统工程理论与实践，42 (1)：1-12.

聂海峰，岳希明，2016. 对垄断行业高收入合理性问题的再讨论——基于企业—职工匹配数据的分析 [J]. 财贸经济 (5)：22-36.

聂伟，风笑天，2016. 就业质量、社会交往与农民工入户意愿——基于珠三角和长三角的农民工调查 [J]. 农业经济问题，37 (6)：34-42，111.

宁光杰，刘会欣，2022. 老龄化背景下家庭财产对女性劳动参与的影响研究 [J]. 劳动经济研究，10 (4)：56-80.

宁光杰，马俊龙，2019. 农民工子女随迁能够提高其教育期望吗？——来自 CEPS 2013—2014 年度数据的证据 [J]. 南开经济研究 (1)：137-152.

潘海岚，黄秋妍，2024. 数字经济对农民工就业质量的影响机制分析 [J]. 调研世界 (2)：42-51.

潘明明，蔡书凯，周游，2021. 互联网使用促进农村妇女非农就业了吗？——基于苏、皖、豫、鄂四省调研数据的实证研究 [J]. 农业技术经济 (8)：133-144.

戚聿东，丁述磊，刘翠花，2021. 数字经济背景下互联网使用与灵活就业者劳动供给：理论与实证 [J]. 当代财经 (5)：3-16.

齐乐，陶建平，2023. 产业智能化与农民工就业质量的影响机理及提升路径 [J]. 华中农业大学学报（社会科学版）(1)：34-46.
齐文浩，齐秀琳，马维帅，2022. 互联网使用对农村女性非农就业的影响：理论逻辑与中国经验 [J]. 北京师范大学学报（社会科学版）(6)：124-133.
齐秀琳，江求川，2023. 数字经济与农民工就业：促进还是挤出？——来自“宽带中国”政策试点的证据 [J]. 中国农村观察 (1)：59-77.
钱文荣，张黎莉，2009. 农民工的工作—家庭关系及其对工作满意度的影响——基于家庭式迁移至杭州、宁波、温州三地农民工的实证研究 [J]. 中国农村经济 (5)：70-78.
乔小乐，何洋，李峰，2023. 工作转换视角下数字经济对性别收入差距的影响研究 [J]. 西安交通大学学报（社会科学版），43 (1)：74-83.
秦芳，王剑程，胥芹，2022. 数字经济如何促进农户增收？——来自农村电商发展的证据 [J]. 经济学（季刊），22 (2)：591-612.
卿石松，田艳芳，2015. 家庭劳动是否降低工资收入——基于 CHNS 的证据 [J]. 世界经济文汇 (4)：77-92.
邱泽奇，张樹沁，刘世定，等，2016. 从数字鸿沟到红利差异——互联网资本的视角 [J]. 中国社会科学 (10)：93-115，203-204.
任义科，王林，杜海峰，2015. 人力资本、社会资本对农民工就业质量的影响——基于性别视角的分析 [J]. 经济经纬，32 (2)：25-30
任远，韦丰，2022. 婴幼儿机构托育对女性劳动参与的影响 [J]. 南方人口，37 (5)：54-65.
宋林，何洋，2020. 互联网使用对中国农村劳动力就业选择的影响 [J]. 中国人口科学 (3)：61-74，127.
宋月萍，2019. 照料责任的家庭内化和代际分担：父母同住对女性劳动参与的影响 [J]. 人口研究，43 (3)：78-89.
宋月萍，2021. 数字经济赋予女性就业的机遇与挑战 [J]. 人民论坛 (30)：82-85.
苏岚岚，彭艳玲，2022. 农民数字素养、乡村精英身份与乡村数字治理参与 [J]. 农业技术经济 (1)：34-50.
苏岚岚，张航宇，彭艳玲，2021. 农民数字素养驱动数字乡村发展的机理研究 [J]. 电子政务 (10)：42-56.
苏群，李潇，常雪，2020. 家庭劳动、家庭结构与农村已婚女性劳动参与——基于 CHNS 的面板数据分析 [J]. 农林经济管理学报，19 (2)：227-234.
孙继圣，周亚虹，2019. 居住模式、幼年子女数量与已婚女性的劳动供给——基于儿童看护视角的讨论 [J]. 财经研究，45 (6)：57-70.
孙晶晶，黎洁，2023. 易地扶贫搬迁农户非农就业与耕地撂荒：就业区域还是就业质量重要？[J]. 自然资源学报，38 (10)：2536-2553.

孙婧芳，2017. 城市劳动力市场中户籍歧视的变化：农民工的就业与工资 [J]. 经济研究，52 (8)：171-186.

孙淑清，1996. 市场经济与女性流动人口研究 [J]. 南方人口 (4)：41-44.

田北海，雷华，佘洪毅，等，2013. 人力资本与社会资本孰重孰轻：对农民工职业流动影响因素的再探讨——基于地位结构观与网络结构观的综合视角 [J]. 中国农村观察 (1)：34-47，91.

田鸽，张勋，2022. 数字经济、非农就业与社会分工 [J]. 管理世界，38 (5)：72-84.

田立法，2019. 工作满意度的五维外生致因：孰轻孰重？[J]. 外国经济与管理，41 (9)：75-90.

田甜，冯帆，左停，2018. 我国农村人口的就业概况及性别代际差异研究——基于 2016 年全国 22 省 1095 份调查数据 [J]. 华东经济管理，32 (9)：50-56.

童玉芬，刘志丽，宫倩楠，2021. 从七普数据看中国劳动力人口的变动 [J]. 人口研究，45 (3)：65-74.

童玉芬，王莹莹，2015. 中国流动人口的选择：为何北上广如此受青睐？——基于个体成本收益分析 [J]. 人口研究，39 (4)：49-56.

万广华，江葳蕤，陈亚会，2022. 中国农村推进共同富裕的目标与路径 [J]. 农业经济问题 (11)：57-69.

汪超，2022. 基于可行能力的农民工家庭离散生成逻辑与政策调适研究 [J]. 南京农业大学学报（社会科学版），22 (2)：117-125.

汪淳玉，叶敬忠，2020. 乡村振兴视野下农村留守妇女的新特点与突出问题 [J]. 妇女研究论丛 (1)：17-25，55.

汪俊雯，江激宇，张士云，2023. 生计抗逆力、主观地位认同与农村劳动力非农转移地点选择 [J]. 世界农业 (11)：66-77.

汪昕宇，陈雄鹰，邹建刚，2016. 超大城市新生代农民工主观就业质量评价及其比较分析——以北京市为例 [J]. 人口与经济 (5)：84-95.

王春超，张玲，周先波，2017. 社会关系网为什么能提升农民工工资 [J]. 统计研究，34 (2)：79-91.

王桂新，胡健，2015. 城市农民工社会保障与市民化意愿 [J]. 人口学刊，37 (6)：45-55.

王杰，蔡志坚，吉星，2022. 数字素养、农民创业与相对贫困缓解 [J]. 电子政务 (8)：15-31.

王金水，方长春，2022. 提高工资还是减少加班？当代青年工作满意度的体制差异 [J]. 中国青年研究 (1)：21-27.

王晶，师吉，2008. 女性主义对构建和谐家庭性别分工模式的思考 [J]. 中华女子学院学报 (4)：59-64.

王军，韩悦，2023. 互联网使用对农村劳动力非农就业的影响研究——理论机制与微观证据［J］. 经济问题（9）：88－97.

王开国，宗兆昌，1999. 论人力资本性质与特征的理论渊源及其发展［J］. 中国社会科学（6）：33－46.

王玲杰，2009. 农村女性流动打工经历对其家庭经济地位的影响［J］. 南方人口，24（4）：59－63，51.

王庆芳，郭金兴，2017. 非正规就业者的境况得到改善了么？——来自1997—2011年CHNS数据的证据［J］. 人口与经济（2）：116－126.

王图展，潘娟，2023. 劳动力人力资本、非农就业与农户减贫——兼对教育和健康作用差异的再检验［J］. 江西财经大学学报（4）：91－104.

王文，2020. 数字经济时代下工业智能化促进了高质量就业吗?［J］. 经济学家（4）：89－98.

王希茜，何宗樾，2022. 男性育儿参与、家庭传统文化观念与女性劳动供给［J］. 中央财经大学学报（9）：88－103.

王跃生，张羽飞，2022. 数字经济的双重就业效应与更高质量就业发展［J］. 新视野（3）：43－50.

王振波，朱传耿，2007. 中国就业的空间模式及区域划分［J］. 地理学报（2）：191－199.

温涛，刘渊博，2023. 数字素养、金融知识与农户数字金融行为响应［J］. 财经问题研究（2）：50－64.

翁贞林，刘馨怡，2021. 父母特征、家庭禀赋对农家子女职业选择行为的影响研究——基于江西省的实证分析［J］. 江苏大学学报（社会科学版），23（3）：73－84，99.

吴彬彬，2019. 外出农民工城镇社保参与率的性别差异——基于扩展的Blinder－Oaxaca分解［J］. 中国农村经济（5）：89－108.

吴传琦，尹振宇，张志强，2021. 非正规就业劳动者主观就业质量的性别差异［J］. 首都经济贸易大学学报，23（4）：65－76.

吴惠芳，王宇霞，2020. 加快农业农村现代化背景下妇女发展的机遇与挑战——面向“十四五”规划的讨论［J］. 妇女研究论丛（6）：8－12.

吴晶，周彩，2023. 互联网使用对农民工工作满意度的影响及其机制——基于CFPS面板数据的实证研究［J］. 湖南农业大学学报（社会科学版），24（3）：65－74，91.

武可栋，朱梦春，阎世平，2022. 数字经济发展水平对劳动力就业选择的影响［J］. 统计与决策，38（10）：106－111.

肖小勇，黄静，郭慧颖，2019. 教育能够提高农民工就业质量吗？——基于CHIP外来务工住户调查数据的实证分析［J］. 华中农业大学学报（社会科学版）（2）.

谢绚丽，沈艳，张皓星，等，2018. 数字金融能促进创业吗？——来自中国的证据［J］. 经济学（季刊），17（4）：1557－1580.

谢宇、张晓波、李建新，等，2017. 中国民生发展报告（2016）[M]. 北京：北京大学出版社：215.

徐广路，王皓天，2023. 人工智能冲击意识对员工职业满意度的影响：工作压力和目标导向的作用 [J]. 中国人力资源开发，40（7）：15-33.

许敏敏，2002. 走出私人领域——从农村妇女在家庭工厂中的作用看妇女地位 [J]. 社会学研究（1）：108-119.

许岩，杨竹荣，2022. 农业转移人口落户城市的就业质量提升效应研究 [J]. 西部论坛，32（4）：26-40.

薛畅，2023. 农地确权促进了农村女性劳动参与吗？——基于 CLDS 数据的实证研究 [J]. 南方人口，38（3）：68-80.

亚当·斯密，1964. 国富论 [M]. 北京：商务印书馆.

杨华，王会，2017. 从归属到爱情：农村年轻女性婚姻逻辑的变迁——基于南方水村的调查 [J]. 中国青年研究（10）：64-72.

杨蕙馨，李春梅，2013. 中国信息产业技术进步对劳动力就业及工资差距的影响 [J]. 中国工业经济（1）：51-63.

杨菊华，2023. 农村老龄人口的数字鸿沟与智慧康养的现状、问题与应对思路 [J]. 社会科学辑刊（4）：72-81，238.

杨汝岱，陈斌开，朱诗娥，2011. 基于社会网络视角的农户民间借贷需求行为研究 [J]. 经济研究，46（11）：116-129.

杨穗，吴彬彬，2019. 农民工就业地选择和收入差距 [J]. 社会发展研究，6（4）：112-133，240-241.

杨政怡，杨进，2021. 社会资本与新生代农民工就业质量研究——基于人情资源和信息资源的视角 [J]. 青年研究（2）：17-31，94-95.

杨志海，张一凡，辜香群，2023. 互联网使用、社会资本与农民工就业质量提升——基于信息获取的视角 [J]. 西北人口，44（5）：70-83.

叶静怡，武玲蔚，2014. 社会资本与进城务工人员工资水平——资源测量与因果识别 [J]. 经济学（季刊），13（4）：1303—1322.

于新亮，左雅璇，冯霄汉，等，2021. 长期照护保险、女性就业与劳动平权——基于世代交叠模型和合成控制法的研究 [J]. 财经研究，47（10）：95-109，139.

袁超，张东，2021. 流动赋权：外出务工经历与农村女性劳动力就业质量 [J]. 经济经纬，38（1）：57-65.

袁冬梅，吕书杰，龙瑞，2023. 数字经济发展如何影响了服务业就业？——来自微观层面的经验证据 [J]. 劳动经济研究，11（1）：81-102.

袁晓燕，施夏敏，石磊，2023. 城市规模、服务业发展与流动女性就业 [J]. 学术月刊，

55（9）：58-67，112.
袁旭宏，张怀志，潘怡锦，等，2022. 性别不平等观念束缚了女性就业？来自中国综合社会调查（CGSS2017）的证据［J］. 中国人力资源开发，39（12）：112-130.
张琛，马彪，彭超，2023. 农村电子商务发展会促进农村劳动力本地就业吗？［J］. 中国农村经济（4）：90-107.
张凡迪，刘东莉，2003. 组织管理状况的指示器——工作满意度的研究［J］. 理论界（6）：152-153.
张广胜，王若男，2023. 数字经济发展何以赋能农民工高质量就业［J］. 中国农村经济（1）：58-76.
张家平，程名望，潘烜，2018. 信息化、居民消费与中国经济增长质量［J］. 经济经纬，35（3）：137-143.
张锦华，刘静，2018. 农民工教育回报的迁移效应及异质性考察——基于处理效应模型的实证研究［J］. 农业技术经济（1）：73-83.
张经纬，陈志，丁士军，2021. 就业质量、社会信任与农民工主观幸福感研究［J］. 华中农业大学学报（社会科学版）（2）：128-137，181-182.
张抗私，王亚迪，2021. 生育对已婚女性就业选择的影响研究［J］. 公共管理评论，3（3）：53-75.
张莉娜，吕祥伟，倪志良，2021."互联网+"驱动下数字经济的增收效应研究——基于中国家庭追踪调查数据［J］. 广东财经大学学报，36（3）：34-45.
张敏，祝华凤，2017. 新生代农民工就业质量与社会认同问题研究［J］. 中国青年研究（1）：108-112.
张培栋，权硕，赵松龄，1997. 农村剩余劳动力转移与乡镇企业发展［J］. 西北民族学院学报（哲学社会科学版）（3）：25-28.
张鹏，李小红，吴雨，2024. 农户数字素养对化学农药减量使用的影响及其机制研究［J］. 中国软科学（2）：64-73.
张世虎，顾海英，2020. 互联网信息技术的应用如何缓解乡村居民风险厌恶态度？——基于中国家庭追踪调查（CFPS）微观数据的分析［J］. 中国农村经济（10）：33-51.
张思阳，赵敏娟，应新安，等，2020. 社会资本对农民工返乡创业意愿的影响效应分析——基于互联网嵌入视角［J］. 农业现代化研究，41（5）.
张同龙，张俪娜，张林秀，2019. 中国农村劳动力就业调整的微观研究——来自全国代表性农户跟踪调查的经验证据［J］. 中国农村经济（8）：20-35.
张卫东，卜偲琦，彭旭辉，2021. 互联网技能、信息优势与农民工非农就业［J］. 财经科学（1）：118-132.
张文洲，2016. 新时期农民工就业选择的新特征调查［J］. 经济纵横（1）：49-54.

张艺，李秀敏，2022. 新型数字基础设施、零工就业与空间溢出效应 [J]. 中国流通经济，36 (11)：103 - 117.

张昱，杨彩云，2011. 社会资本对新生代农民工就业质量的影响分析——基于上海市的调查数据 [J]. 华东理工大学学报（社会科学版），26 (5)：9 - 20.

章元，陆铭，2009. 社会网络是否有助于提高农民工的工资水平？[J]. 管理世界 (3)：45 - 54.

赵晨，林晨，周锦来，等，2023. 新就业形态劳动者的数字素养：概念、内涵及培育路径 [J]. 图书情报知识，40 (3)：52 - 61.

赵放，蒋国梁，2023. 数字科技赋能劳动力就业：内在机理与微观证据——基于 CFPS 数据的实证分析 [J]. 人口学刊，45 (2)：99 - 112.

赵君，2013. 人格特质对知识共享的影响：以组织信任为中介变量 [J]. 情报理论与实践，36 (5)：34 - 38，44.

赵蒙成，2016. 社会资本对新生代农民工就业质量影响的调查研究——SZ 市新生代农民工的案例研究 [J]. 人口与发展，22 (2)：48 - 55.

赵毅博，2019. 中国高校扩招对城乡青年人口迁移的影响 [J]. 人口学刊，41 (4)：94 - 103.

郑彩华，2019. 联合国教科文组织《数字素养全球框架》：背景、内容及启示 [J]. 外国中小学教育 (9)：1 - 9.

周闯，郑旭刚，张抗私，2023. 数字经济赋能服务业就业：行业异质性与空间效应 [J]. 技术经济，42 (3)：167 - 178.

周丹，李五荣，方劲平，2022. 非认知能力、社会包容度与农民工就业质量——采用 2010—2018 年中国家庭追踪调查 5 期数据的实证检验 [J]. 西部论坛，32 (2)：47 - 62.

周冬，2016. 互联网覆盖驱动农村就业的效果研究 [J]. 世界经济文汇 (3)：76 - 90.

周浩，龙立荣，2010. 公平感社会比较的参照对象选择研究述评 [J]. 心理科学进展，18 (6)：948 - 954.

周皓，刘文博，2022. 流动人口的流入地选择机制 [J]. 人口研究，46 (1)：37 - 53.

周慧玲，陆璐，蒋亚军，2022. 民族村寨农民就地旅游就业行为的影响因素及其组态分析 [J]. 经济地理，42 (11)：232 - 238.

周萍，赵康生，蔺楠，2019. 性别平等环境与农村女性的创业绩效——基于上海财经大学“千村调查”数据的实证分析 [J]. 产经评论，10 (2)：67 - 82.

周申，于林可，2023. 美国贸易政策转变、劳动力市场冲击与我国的对策 [J]. 江苏行政学院学报 (1)：42 - 48.

周烁，张文韬，2021. 互联网使用的主观福利效应分析 [J]. 经济研究，56 (9)：158 - 174.

周先波，刘建广，郑馨，2016. 信息不完全、搜寻成本和均衡工资——对广东省外来农民工劳动力市场信息不完全程度的测度 [J]. 经济学（季刊），15 (1)：149 - 172.

朱红根，单慧，沈煜，等，2022. 数字素养对农户生活垃圾分类意愿及行为的影响研究［J］. 江苏大学学报（社会科学版），24（4）：35－53.

朱红根，康兰媛，2017. 农民工工作满意度及其影响因素的差异分析［J］. 湖南农业大学学报（社会科学版），18（4）：71－77.

朱慧劼，2017. 人力资本、家庭禀赋和农村劳动力就业——基于代际差异的视角［J］. 内蒙古社会科学（汉文版），38（6）：175－181.

朱铭来，郑先平，李涛，2019. 宗族网络、保险制度与农村女性外出就业——基于 CFPS 数据库的空间计量实证分析［J］. 经济科学（4）：105－117.

诸萍，2021. 子女随迁对流动青年就业质量的影响研究——基于性别差异视角［J］. 南方人口，36（3）：41－55.

祝美群，2000. 乡镇企业参与农产品加工业的对策分析［J］. 农业经济问题（8）：12－16.

Acemoglu D，Akcigit U，Alp H，et al，2018. Innovation，reallocation，and growth［J］. American Economic Review，108（11）：3450－3491.

Acemoglu D，Restrepo P，2020. Robots and jobs：Evidence from US labor markets［J］. Journal of political economy，128（6）：2188－2244.

Adams J S，1965. Inequity in social exchange［M］. Advances in experimental social psychology. Pittsburgh：Academic Press：267－299.

Barna C，Epure M，2020. Analyzing youth unemployment and digital literacy skills in Romania in the context of the current digital transformation［J］. Review of Applied Socio－Economic Research，20（2）：17－25.

Beck T，Pamuk H，Ramrattan R，et al，2018. Payment instruments，finance and development［J］. Journal of Development Economics，133：162－186.

Becker G S，Chiswick B R，1966. Education and the Distribution of Earnings［J］. The American Economic Review，56（1/2）：358－369.

Becker G S，1986. An economic analysis of the family［M］. Dublin，Ireland：Economic and Social Research Institute.

Blau F D，Kahn L M，2007. Changes in the labor supply behavior of married women：1980—2000［J］. Journal of Labor economics，25（3）：393－438.

Bloom N，Liang J，Roberts J，et al，2015. Does working from home work? Evidence from a Chinese experiment［J］. The Quarterly journal of economics，130（1）：165－218.

Bourdieu P，Passeron J C，Nice R，1977. Education，society and culture［J］. Trans. Richard Nice. London：SAGE Publications：15－29.

Bourdieu P，1985. The social space and the genesis of groups［J］. Social Science Information，24（2）：195－220.

Burdett K, Coles M G, 1999. Long-term partnership formation: Marriage and employment [J]. The Economic Journal, 109 (456): 307 - 334.

Castellacci F, Tveito V, 2018. Internet use and well - being: A survey and a theoretical framework [J]. Research policy, 47 (1): 308 - 325.

Castellacci F, Viñas - Bardolet C, 2019. Internet use and job satisfaction [J]. Computers in Human Behavior, 90: 141 - 152.

Chen M K, Rossi P E, Chevalier J A, et al, 2019. The value of flexible work: Evidence from Uber drivers [J]. Journal of political economy, 127 (6): 2735 - 2794.

Coleman J S, 1990. Commentary: Social institutions and social theory [J]. American sociological review, 55 (3): 333 - 339.

Dessy S, Djebbari H, 2010. High - powered careers and marriage: can women have it all? [J]. The BE Journal of Economic Analysis & Policy, 10 (1).

DiMaggio P, Bonikowski B, 2008. Make money surfing the web? The impact of Internet use on the earnings of US workers [J]. American sociological review, 73 (2): 227 - 250.

Eck A, 1993. Job - related education and training: Their impact on earnings [J]. Monthly Lab. Rev., 116: 21.

Egri C P, Ralston D A, 2004. Generation cohorts and personal values: A comparison of China and the United States [J]. Organization science, 15 (2): 210 - 220.

Eshet Y, 2004. Digital literacy: A conceptual framework for survival skills in the digital era [J]. Journal of educational multimedia and hypermedia, 13 (1): 93 - 106.

Finlay J E, 2021. Women's reproductive health and economic activity: A narrative review [J]. World Development, 139.

Fu S, Liao Y, Zhang J, 2016. The effect of housing wealth on labor force participation: Evidence from China [J]. Journal of Housing Economics, 33: 59 - 69.

Gallacher J, Bayer A, Ben - Shlomo Y, 2005. Commentary: Activity each day keeps dementia away—does social interaction really preserve cognitive function? [J]. International Journal of Epidemiology, 34 (4): 872 - 873.

Ghai D, 2003. Decent work: Concept and indicators [J]. Int'l Lab. Rev., 142: 113.

Goldin C, 2021. Career and family: Women's century - long journey toward equity [M]. Princeton: Princeton University Press.

Heckman J J, Li X, 2004. Selection bias, comparative advantage and heterogeneous returns to education: Evidence from China in 2000 [J]. Pacific Economic Review, 9 (3): 155 - 171.

Ioannides Y M, Loury L D, 2004. Job information networks, neighborhood effects, and inequality [J]. Journal of economic literature, 42 (4): 1056 - 1093.

Juhn C, Potter S, 2006. Changes in labor force participation in the United States [J]. Journal of Economic Perspectives, 20 (3): 27-46.

Leschke J, Watt A, 2014. Challenges in constructing a multi-dimensional European job quality index [J]. Social indicators research, 118: 1-31.

LI Y, Ranieri M, 2010. Are "digital natives" really digitally competent? —a study on Chinese teenagers [J]. British Journal of Educational Technology, 41 (6): 1029-1042.

Lin N, 1999. Social networks and status attainment [J]. Annual review of sociology, 25 (1): 467-487.

Luo S M, Sun Y K, Yang F, et al, 2022. Does fintech innovation promote enterprise transformation? Evidence from China [J]. Technology in Society, 68.

Lyons S, Kuron L, 2014. Generational differences in the workplace: A review of the evidence and directions for future research [J]. Journal of organizational behavior, 35 (S1): S139-S157.

Martin A, Grudziecki J, 2006. DigEuLit: Concepts and tools for digital literacy development [J]. Innovation in teaching and learning in information and computer sciences, 5 (4): 249-267.

Moretta T, Buodo G, Demetrovics Z, et al, 2022. Tracing 20 years of research on problematic use of the internet and social media: Theoretical models, assessment tools, and an agenda for future work [J]. Comprehensive Psychiatry, 112: 152286.

Mortensen D T, Pissarides C A, 1999. New developments in models of search in the labor market [J]. Handbook of labor economics, 3: 2567-2627.

Nahapiet J, Ghoshal S, 1998. Social capital, intellectual capital, and the organizational advantage [J]. Academy of management review, 23 (2): 242-266.

Nguyen M H, 2021. Managing social media use in an "always-on" society: Exploring digital well-being strategies that people use to disconnect. Mass Communication and Society, 24 (6): 795-817.

Osundina O A, 2020. Sustainable development: Does improvement in education and health of women improve female labour force participation rate? [J]. Sustainable Development, 28 (1): 13-24.

Putnam R D, 1995. Tuning in, tuning out: The strange disappearance of social capital in America [J]. PS: Political science & politics, 28 (4): 664-683.

Radovanovic D, Holst C, Belur S B, et al, 2020. Digital literacy key performance indicators for sustainable development. Social Inclusion [J], 8 (2): 151-167.

Schroeder F K, 2007. Workplace issues and placement: What is high quality employment?

[J]. Work (Reading, Mass.), 29 (4): 357 - 358.

Schultz T W, 1968. Resources for higher education: an economist's view [J]. Journal of Political Economy, 76 (3): 327 - 347.

Shahiri H, Osman Z, 2015. Internet job search and labor market outcome [J]. International Economic Journal, 29 (1): 161 - 173.

Shui Y, Xu D, Liu Y, et al, 2021. The influence of human capital and social capital on the gendered division of labor in peasant family in Sichuan, China [J]. Social indicators research, 155: 505 - 522.

Stam W, Arzlanian S, Elfring T, 2014. Social capital of entrepreneurs and small firm performance: A meta - analysis of contextual and methodological moderators [J]. Journal of business venturing, 29 (1): 152 - 173.

Stigler G J, 1961. The economics of information [J]. Journal of political economy, 69 (3): 213 - 225.

Van den Broeck G, Kilic T, 2019. Dynamics of off - farm employment in Sub - Saharan Africa: A gender perspective [J]. World Development, 119: 81 - 99.

Vishwanath T, 1991. Information flow, job search, and migration [J]. Journal of Development Economics, 36 (2): 313 - 335.

Wang Wei, Sheng Bozhang, 2022. The Impact of Internet Use on Rural Women's Off - Farm Work Participation: Empirical Evidence from China [J]. Sustainability, 14 (24).

Wang, Xiumei, et al, 2023. Digital Revolution and Employment Choice of Rural Labor Force: Evidence from the Perspective of Digital Skills [J]. Agriculture, 13 (6): 1260.

Wey Smola K, Sutton C D, 2002. Generational differences: Revisiting generational work values for the new millennium [J]. Journal of Organizational Behavior: The International Journal of Industrial, Occupational and Organizational Psychology and Behavior, 23 (4): 363 - 382.

Xiao S, Asadullah M N, 2020. Social norms and gender differences in labor force participation inChina [J]. Feminist Economics, 26 (4): 114 - 148.

Zaffiro G, Mourgis I, 2018. How Digital Life Changes our Personal Economy - A Market Analysis [J]. Journal of Innovation Management, 6 (1): 13 - 31.

Zhang A, Chandio A A, Yang T, et al, 2023. Examining how internet use and non - farm employment affect rural households income gap? Evidence from China [J]. Frontiers in Sustainable Food Systems, 7.

Zheng H, Zhou Y, Rahut D B, 2023. Smartphone use, off-farm employment, and women's decision-making power: Evidence from rural China [J]. Review of Development Economics，27（3）：1327－1353.

Zhong X，Peng M，2020. The grandmothers' farewell to childcare provision under China's two－child policy：Evidence from Guangzhou middle－class families［J］. Social Inclusion，8（2）：36－46.